Kasia Hanack
Wiebke Krabbe

Mit Jahreskalender

MEINE STADT-OASE

DIY-Ideen & Pflanztipps rund um den Balkon

INHALT

INHALT

RAUS AN DIE LUFT...

... möchte jeder, sobald die Sonne im Frühjahr wieder höher am Himmel steht. Sogar ein klitzekleiner Balkon kann zu einer ganz privaten Oase werden, wenn man ihn liebevoll gestaltet. Dazu gehören natürlich Kübel und Kästen, in denen es grünt und blüht, aber auch ein schöner Sitzplatz, um es sich so richtig gemütlich zu machen.

Betrachten Sie Ihren Balkon als vollwertiges Extrazimmer unter freiem Himmel und nutzen Sie ihn, wann immer es möglich ist. Ein schnelles Frühstück in der Morgensonne bereitet so viel gute Laune, dass Sie den Bürotag ganz locker überstehen werden. Bei einem leichten Abendessen und einem guten Glas Wein können Sie dann später am Tag ganz leicht abschalten. Ein ausgiebiger Brunch ist eine wunderbare Art, ein entspanntes Wochenende zu beginnen, und sogar an kühleren Tagen tut es gut, sich für eine kleine Weile mit einer kuscheligen Wolldecke und einem Becher heißem Tee nach draußen zu setzen – vielleicht für einen Telefonschwatz mit einer guten Freundin?

In diesem Buch finden Sie einen bunten Strauß von Ideen und Anleitungen, die Ihnen helfen, den Balkon behaglich und praktisch zu gestalten. Viele Projekte sind mit wenig Material schnell und einfach umzusetzen – da

genügt schon eine kurze kreative Pause. Für andere brauchen Sie etwas mehr Zeit, zum Beispiel einen verregneten Sommertag. Oder Sie setzen sich in der grauen Jahreszeit an die Nähmaschine, um dem Balkon ein neues Gewand zu schneidern. Dabei können Sie sich schon auf die kommende Saison freuen, sodass der Winterblues keine Chance hat!

Tipps und Anregungen für die Bepflanzung zeigen, dass der Balkon fast so viel Potenzial bietet wie ein „richtiger" Garten – und manchmal sogar Vorteile hat. Schnecken beispielsweise werden Ihnen keinen Ärger machen. Experimentieren Sie nach Lust und Laune, denn ein grüner Daumen ist nicht angeboren, er wächst allmählich!

Beim Blättern in diesem Buch werden Sie entdecken, dass das Gestalten des Balkons ebenso viel Freude macht wie das Benutzen. Worauf warten Sie noch? Raus an die Luft!

GARTENLUST IM KLEINFORMAT

Selbst ein winziger Stadtbalkon kann als Wohnraum im Freien genutzt werden. Grund genug, ihn mit Pflanzen und liebevoller Dekoration behaglich herzurichten.

Kübel und Kästen

Jedes Behältnis, das man mit Erde füllen kann, taugt zum Pflanzgefäß. Wichtig ist aber, in den Boden einige Löcher zu stechen, damit überschüssiges Gießwasser abfließen kann. Gerade auf dem Balkon spielen Größe und Material der Pflanzgefäße eine Rolle. Im Idealfall grünt und blüht es üppig, und trotzdem bleibt genug Platz für Tisch und Stühle. Klären Sie unbedingt, welche Gewichtsbelastung Ihr Balkon verträgt, und bedenken Sie dabei nicht nur das Gewicht der Kübel oder Kästen, sondern auch die Füllung aus feuchtem Pflanzsubstrat. Leichte Gefäße, etwa große Konservendosen, Eimer, mit Folie ausgelegte Körbe oder Holzkisten sind meist sinnvoller als edle, aber mächtig schwere Terrakottakübel. Auch bei der Dränageschicht im Kübel lässt sich Gewicht sparen, wenn Sie statt der üblichen Tonscherben oder Kiesel Blähton oder Styroporchips verwenden.

Pflanzsubstrate

Für die meisten Balkonpflanzen eignet sich Universalsubstrat aus dem Gartencenter. Wer keine schweren Säcke in den vierten Stock schleppen mag, kann auf spezielle, leichte Substrate ausweichen, die beispielsweise aus Kokosfasern hergestellt werden.

Mittelmeerkräuter und einige andere Pflanzen reagieren besonders empfindlich auf Staunässe. Sie danken es, wenn man etwas Sand unter das Pflanzsubstrat mischt, damit das Wasser besser abfließen kann. Spielsand, Vogelsand und sogar Dekosand sind geeignet, Strandsand sollten Sie wegen des Salzgehalts lieber nicht verwenden.

Einjährig oder dauerhaft?

Bei der Balkonbepflanzung haben Sie die Wahl zwischen einjährigen Pflanzen und dauerhaften. Beide haben ihre Vor- und Nachteile, und selbstverständlich lassen sie sich auch kombinieren. Einjährige Pflanzen schaffen Abwechslung. Sie bieten die Möglichkeit, jedes Jahr eine neue Farbkombination auszuprobieren oder mit verschiedenen Gemüsearten zu experimentieren. Mehrjährige Pflanzen sorgen dafür, dass der Balkon rund ums Jahr attraktiv aussieht. Zwiebelblumen bringen Farbe in Kästen und Kübel, wenn es für die klassischen Balkonblumen noch zu kalt ist. Ausdauernde Kletterpflanzen können mit der Zeit zu einem schönen Sicht- und Windschutz heranwachsen, und Immergrüne bieten im Winter, wenn man den Balkon durchs Fenster sieht, einen schönen Anblick.

SONNENANBETER UND SCHATTENPFLÄNZCHEN

Damit Pflanzen prächtig wachsen, brauchen sie die richtigen Lichtverhältnisse – am besten ähnlich denen, die in ihrer natürlichen Heimat herrschen.

Der Südbalkon

Die meisten von uns wünschen sich einen Südbalkon, um sich ausgiebig in der Sonne zu räkeln. Aber an einem so sonnigen Platz verdunstet Gießwasser im Nu, Sie müssen also im Sommer zweimal täglich zur Gießkanne greifen. Hier fühlen sich nur Pflanzen wohl, die keinen Schaden nehmen, wenn ihr Substrat einmal austrocknet – zum Beispiel alle Kräuter aus dem Mittelmeerraum. Auch Geranien, Dahlien oder Kapkörbchen blühen in sonniger Lage prächtig.

Tomaten entwickeln, wenn sie regelmäßig gegossen werden, an einem Sonnenplatz ein besonders gutes Aroma. Zucchini tragen, sofern sie mit ausreichend Nährstoffen versorgt werden, jede Menge leckere Früchte. Wer Lust auf Experimente hat, könnte es auch mit Paprika, Chili oder Auberginen versuchen.

Wenn Sie eher zu den Menschen gehören, die das Gießen ab und zu vergessen, greifen Sie zu Pflanzen mit kleinen oder fleischigen Blättern oder zu Arten, deren Blätter silbrig schimmern oder feine Härchen tragen. Sie alle verdunsten über ihre Blätter relativ wenig Feuchtigkeit und überstehen selbst sengend heiße Tage gut.

Denken Sie daran, einen zuverlässigen Nachbarn ums Gießen zu bitten, wenn Sie verreisen, und sei es nur für einen Kurztrip übers Wochenende.

Der Nordbalkon

Wenn ein Balkon nach Norden liegt, ist das noch lange kein Grund, ihn zum kahlen Raucherexil zu degradieren. Es gibt eine Menge Pflanzen, die Schatten tolerieren oder sich dort sogar richtig wohlfühlen.

Ein Nordbalkon eignet sich sehr gut für den Kräuter- oder Gemüsegarten im Kleinformat. Salate und Spinat beispielsweise neigen in praller Sonne dazu, vorzeitig in Saat zu schießen, und sind auf einem Nordbalkon bestens aufgehoben. Petersilie und Schnittlauch vertragen Schatten gut, und auch Minze und Zwiebeln kommen mit wenig Sonne aus. Kerbel, Blattkoriander und andere zarte Kräuter bekommen an einem vollsonnigen Platz leicht gelbe, trockene Blätter. Solche Schäden brauchen Sie auf einem Nordbalkon nicht zu befürchten.

Wenn Ihnen der Sinn mehr nach Blumen steht, mögen Sie vielleicht mehrjährigen Frauenmantel, dessen winzige Blüten wie hellgelber Schaum über den Blättern schweben, oder Fleißige Lieschen in frischem Weiß oder Rot. Eine Hortensie fühlt sich in einem größeren Kübel wohl. Die Blütenfarbe von Hortensien wird durch den pH-Wert des Pflanzsubstrats beeinflusst, der sich im Kübel – anders als im Gartenbeet – leicht durch spezielle Dünger oder Gießwasserzusätze beeinflussen lässt. Sie brauchen also nicht zu befürchten, dass sich die Blütenfarbe, die Sie sich ausgesucht haben, im Lauf der Jahre verändert.

Viele Pflanzen mit dekorativen Blättern gedeihen am besten an schattigen Plätzen. Funkien, die im Garten oft Schnecken zum Opfer fallen, entfalten ihre schönen Blätter auf dem Nordbalkon ganz unbeschadet und tragen im Sommer hübsche Blüten, die zart nach Vanille duften.

ZARTES FÜR DEN SCHATTEN

Blüten in hellen Farben leuchten im Schatten besonders intensiv,
weil sie sich wunderbar vom dunklen Grün der Blätter abheben.

Tränendes Herz

Die weiße Variante dieser winterharten Staude wirkt etwas eleganter als ihre besser bekannte Schwester mit rosa Blüten. Sie blüht im Mai und Juni, also bevor die typischen Balkonsommerblumen ihren großen Auftritt haben. Die Blüten halten sich in der Vase recht lange, und auch die hübschen Blätter eignen sich gut als Grün für Blumensträuße.

Fuchsie

Fuchsien gibt es in vielen Blütenfarben von Weiß über Rosa und Pink bis zu Violett, und jedes Jahr kommen neue Züchtungen auf den Markt. Aufrechte Sorten eignen sich gut für Kästen und Kübel, hängende sind in Ampeln eine Augenweide. Wer möchte, kann Fuchsien im Herbst zurückschneiden und in einem frostfreien Raum überwintern.

Rose

Bei Rosen denkt man natürlich an einen Sonnen-platz, aber einige Sorten geben sich auch mit be-scheideneren Lichtverhältnissen zufrieden und blühen sogar im Schatten. Niedrige Bodendeckerrosen wie „The Fairy" gedeihen in einem geräumigen Pflanz-kasten, und die Kletterrose „Schneewittchen" (Foto) lässt sich an einem Wandspalier ziehen. Wichtig ist allerdings, dass der Standort gut belüftet ist, sonst können sich Pilzkrankheiten wie Mehltau, Rost oder Sternrußtau breitmachen.

Akelei

Neben der blau-weißen Akelei, die ein Klassiker aus dem Bauerngarten ist, gibt es auch attraktive Sorten in zarteren Farben. Anders als im Garten sieht man auf dem Balkon die Bepflanzung aus nächster Nähe, und gerade die faszinierenden Blüten der Akelei sind einen genauen Blick wert. Wenn die Blüten verwelkt sind, ist das hübsch geformte Laub eine schöne Ergänzung zu anderen Balkonblumen, und es eignet sich auch als duftige Auflockerung für Sträuße.

Ost- und Westbalkon

Auf Balkons, die nach Osten oder Westen liegen, herrscht ein ausgewogenes Verhältnis von Sonne und Schatten. Die Pflanzen bekommen einige Stunden lang Sonne, aber die Strapazen praller Mittagssonne bleibt ihnen erspart. Abgesehen von einigen wenigen ausgesprochen sonnenhungrigen Pflanzen fühlen sich hier fast alle wohl. Wer ein Spalier begrünen will, sollte sich unter der enormen Vielfalt der Clematissorten umsehen. Sie alle brauchen ein gewisses Maß an Sonne, um reich zu blühen. Der Wurzelbereich sollte aber beschattet sein, damit die unteren Triebe nicht kahl werden.

Für Berufstätige, die ihr „Zimmer im Grünen" erst nach Feierabend nutzen können, bietet ein Westbalkon die Chance, nach der Arbeit noch ein bisschen Sonne zu tanken oder bis in die Dunkelheit hinein im Freien zu sitzen. Vielleicht möchten Sie Pflanzen aussuchen, die in der Dunkelheit duften (siehe Seite 65)? Dazu gehören nicht nur Blumen, die von Nachtfaltern bestäubt werden, sondern auch exotische Gewächse wie Patchouli. Sogar Küchenkräuter duften herrlich aromatisch, wenn die ätherischen Öle in ihren Blättern von der Abendsonne erwärmt werden. Pflücken Sie ruhig ein paar Stängel fürs Abendessen.

Ein Ostbalkon ist ein wunderbarer Frühstücksplatz, und auch hier gedeihen fast alle Pflanzen. Nur Obstbäumchen, Kamelien und andere Gehölze, die früh im Jahr blühen, sollten Sie schützen. Die Knospen und Blüten vertragen ein paar Minusgrade, aber sie nehmen es übel, wenn sie nach einer kalten Nacht zu rasch von der Morgensonne aufgetaut werden.

Wind

Gerade in der Stadt bilden sich in Häuserschluchten leicht Windkanäle, und es kann vor allem auf Balkons in höheren Etagen recht zugig werden. Dagegen hilft natürlich ein Windschutz, der aber gut befestigt sein muss.

Wenn es auf Ihrem Balkon oft windig ist, und Sie trotzdem gern einen grünen Schutz hätten, sollten Sie robuste Kletterpflanzen wie Efeu oder immergrünes Geißblatt wählen, denen auch heftigere Böen wenig ausmachen.

Pfeifen nur gelegentlich Böen über Ihren Balkon, könnten Sie sich für eine der vielen schönen Clematissorten entscheiden. Die Pflanzen bilden relativ schlanke Triebe, werden also nicht zu schwer, und sie kommen auch mit einer leichteren Rankhilfe aus sicher befestigten Spanndrähten gut zurecht.

Hochwachsende Pflanzen wie Sonnenblumen, Ziertabak oder Rittersporn brauchen auf einem windigen Balkon kräftige Stützen und müssen regelmäßig angebunden werden, damit der Wind keine Triebe abknickt. Dasselbe gilt für hochwachsende Tomaten und andere Gemüsepflanzen.

Geranien, Tagetes oder Fleißige Lieschen kommen mit windigen Lagen recht gut zurecht. Zartere Blüten, etwa von Akelei, Wicke oder Petunie, können aber von kräftigen Windstößen abgerissen oder zerfetzt werden.

Wichtig: Auf einem windigen Balkon müssen die Pflanzen häufig gegossen werden, selbst wenn er im Schatten liegt oder der Himmel bedeckt ist. Das liegt daran, dass der Wind die Verdunstung von Feuchtigkeit beschleunigt.

SONNENKINDER

Viele beliebte Sommerblüher fühlen sich in der Sonne am wohlsten.
Wie wäre es mit diesen Alternativen zu den bewährten Klassikern?

Hornveilchen

Die zierlichen Schwestern der Stiefmütterchen kommen im Frühjahr in vielen bezaubernden Farben in den Handel. Sie sind pflegeleicht und blühen wochenlang unermüdlich. Es lohnt sich, verwelkte Blüten regelmäßig abzuzupfen, damit die Pflanzen immer neue Blüten bilden, statt Samen zur Reife zu bringen.

Glockenblume

Niedrige Glockenblumen schmücken sich im Frühsommer mit Unmengen zierlicher Blüten in Violett oder Weiß. Viele Arten sind mehrjährig, und einige bilden Polster aus immergrünen Blättern – ein echter Gewinn für die graue Jahreszeit. Sie gedeihen in Sonne und Halbschatten und wegen ihrer niedrigen Höhe ist auch Wind kein Problem für sie.

Staudenmohn

Es ist ein hinreißender Anblick, wenn sich die großen, seidenzarten Blüten auf ihren schlanken Stielen wiegen! Mohn gibt es nicht nur in flammendem Rot, sondern in vielen Rosatönen und auch in Weiß. Pflanzen Sie ihn in die Mitte eines größeren Kübels und umringen Sie ihn mit niedrigen einjährigen Balkonblumen, die ihren Auftritt haben, wenn die Mohnblüte vorüber ist. Ein windgeschützter Platz ist wichtig, damit die Blüten keinen Schaden nehmen. Die interessant geformten Samenkapseln sind eine schöne Zutat für Trockensträuße.

Purpurglöckchen

Im Frühsommer trägt diese mehrjährige Pflanze lockere Rispen aus winzigen, weißlich-hellrosa Blüten, aber die eigentliche Attraktion sind die großen, kräftig gezahnten Blätter, die bronzebraun bis kupfrig schimmern. Wie viele Blattschmuckgewächse gedeiht auch das Purpurglöckchen an schattigen Plätzen, bildet aber an einem sonnigen Standort eine schönere Blattfärbung aus. Die großen Blätter machen übrigens auch als Schnittgrün in Blumensträußen Eindruck. Besonders gut passen sie zu Blüten in Weiß, Creme und hellem Rosa.

WERKZEUGSCHUPPEN LIGHT

Die Pflanzenpflege auf dem Balkon geht viel besser von der Hand, wenn alles nötige Werkzeug immer griffbereit ist.

SIE BRAUCHEN:

- ➤ Seitenteil einer alten Holzkiste
- ➤ Säge (bei Bedarf)
- ➤ Schleifpapier
- ➤ Holzlasur
- ➤ Acrylfarben
- ➤ Schrauben, Nägel, Haken
- ➤ Stoffrest
- ➤ Ösen

Tipp

Auch praktisch: Holzwäscheklammern, die mit wasserfestem Holzleim auf der Platte befestigt werden.

1 Aus dem Seitenteil ein Stück in der gewünschten Größe zusägen. Alternativ können Sie auch eine Platte verarbeiten, die gerade zur Hand ist. Wichtig ist aber, dass sie aus Massivholz oder Bootsbausperrholz besteht. Eine Spanplatte ist für den Außenbereich nicht geeignet. Wer mag, kann noch ein Motiv (Gießkanne) in die Platte sägen.

2 Zuerst wird die raue Holzoberfläche mit Schleifpapier geglättet. Danach bekommt sie einen Anstrich mit schützender Holzlasur, die in vielen Farben erhältlich ist. Durch die Lasur quellen die Holzfasern auf, darum empfiehlt es sich, anschließend noch einmal nachzuschleifen.

3 Nachdem die Lasur trocken ist, kann die Oberfläche mit Acrylfarben bemalt werden. Ob Sie sich für Blumenornamente oder einfache Muster entscheiden, liegt ganz bei Ihnen.

4 Nun Nägel einschlagen oder Schrauben und Haken eindrehen, um die kleinen Gartenutensilien, die Sie gern zur Hand haben möchten, aufzuhängen. Lassen Sie dazwischen genug Platz.

5 Wer möchte, näht aus einem bunten Stoffrest einen Beutel und schlägt an den oberen Ecken Ösen zum Aufhängen ein. Darin können Samentütchen und andere Kleinigkeiten verstaut werden.

WERKZEUG FÜR BALKONGÄRTNER

Viele Requisiten brauchen Sie nicht für Ihre grüne Oase und bestimmt haben Sie manches im Haus, das sich kreativ zweckentfremden lässt.

Handschaufel

Um Pflanzsubstrat in Kästen und Kübel zu befördern, eignet sich eine kleine Schaufel mit gewölbtem Blatt am besten. Natürlich können Sie auch einfach mit beiden Händen kraftvoll in die Erde greifen. Mit Regenwürmern und anderem Getier ist in gekaufter Blumenerde ja nur selten zu rechnen.

Kleingrubber

Das Werkzeug mit den drei gekrümmten Metallzinken brauchen Sie zum Auflockern der Erde rings um die Pflanzen. Auch zum Einarbeiten von Düngergranulat ist ein kleiner Grubber praktisch.

Plastikplane

Beim Füllen von Pflanzgefäßen und beim Umtopfen geht fast immer etwas daneben. Sie sparen sich eine Menge Putzarbeit, wenn Sie vorher eine stabile Plane unterlegen. Notfalls tut es auch eine alte Tischdecke. Wenn die Plane nicht zu groß ist, kann sie später im Jahr als Winterschutz zum Einsatz kommen.

Gießkanne

Preiswerte Plastikgießkannen gibt es in jedem Baumarkt in verschiedenen Größen. Wichtig ist, dass sich der Brausekopf abnehmen lässt. Je schlanker die Ausgießöffnung, desto gezielter lässt sich gießen. Eine gute Alternative sind Gießaufsätze, mit denen sich gewöhnliche PET-Getränkeflaschen in platzsparende Bewässerungshilfen verwandeln lassen.

Handschuhe

Für die meisten Arbeiten auf dem Balkon genügen ganz normale Haushaltshandschuhe, wie man sie auch zum Putzen anzieht. Nur wenn Sie sich Zwergrosen oder andere stachelige Pflanzen ausgesucht haben, sind Sie mit robusten Gartenhandschuhen besser bedient. Zum Hantieren mit zarten Jungpflanzen, die Fingerspitzengefühl erfordern, sollten Sie auf Handschuhe besser verzichten.

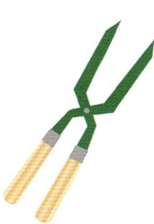

Seife

Natürlich braucht man nach der Balkongartenarbeit Seife zum Händewaschen. Aber sie kann auch schon vorher gute Dienste tun. Wenn Sie mit bloßen Händen mit Pflanzen hantieren wollen, krallen Sie vorher die Fingernägel in ein Stück gewöhnliche Seife – so fest, dass etwas Seife unter den Fingernägeln hängen bleibt. So kann sich unter den Fingernägeln keine Blumenerde festsetzen, und nach der Arbeit lassen sich Hände und Nägel ganz leicht reinigen.

Wurzelbürste

Mit einer kräftigen Bürste werden die Hände auch nach richtig schmuddeliger Arbeit im Nu wieder blitzsauber. Schaffen Sie sich eine Bürste mit Stiel an, die Sie auch zum Abschrubben von Blumentöpfen und Werkzeug benutzen können. Dass die Bürste nach jedem Gebrauch gut ausgespült wird, versteht sich von selbst.

Schere

Normalerweise reicht eine robuste Haushaltsschere für die Pflanzenpflege auf dem Balkon oder für die Kräuterernte völlig aus. Nur wenn Sie Sträucher oder andere Pflanzen mit sehr kräftigen Trieben gepflanzt haben, sollten Sie sich eine Rosenschere von guter Qualität anschaffen. Suchen Sie im Gartencenter ein Modell aus, das gut in der Hand liegt.

Aus dem Haushalt

Legen Sie eine Rolle Bindfaden bereit, um widerspenstige Stängel anzubinden. Ein überzähliger Esslöffel ist nützlich, um Düngergranulat zu dosieren oder Erde in kleine Töpfe zu füllen. Den Löffelstiel können Sie als „Pikierstab" benutzen.

VON ANFANG AN

Natürlich kann man Pflanzen im Gartencenter oder im Supermarkt kaufen – aber viel spannender ist es doch, die grünen Balkonbewohner selbst aus Samen heranzuziehen.

Es ist gar nicht so schwierig, Blumen, Kräuter oder Gemüse selbst auszusäen. Fangen Sie ruhig frühzeitig an, Jungpflanzen in der Wohnung vorzuziehen, damit sie schon etwas hermachen, wenn sie ins Freie umziehen dürfen.

Saatgut kommt ab Februar in den Handel. Greifen Sie zu und machen Sie sich die Mühe, die Hinweise auf der Rückseite der Tütchen genau zu lesen. Dort steht beispielsweise, wann am besten ausgesät wird, wie lange die Keimung ungefähr dauert oder wie groß die Pflanzen werden.

Das richtige Substrat

Leisten Sie sich einen Beutel Anzuchtsubstrat. Es ist besonders fein und sehr locker, sodass die jungen Pflänzchen und zarten Wurzeln es leicht durchdringen können. Es lässt überschüssiges Gießwasser gut abfließen und sorgt so dafür, dass die Pflanzenminis nicht durch Pilzkrankheiten gefährdet sind. Im Gegensatz zu normalem Pflanzsubstrat ist es nicht vorgedüngt, denn Sämlinge brauchen weniger Nährstoffe als größere Pflanzen. Wenn die Sämlinge später in Blumentöpfe umziehen, können Sie gewöhnliches Universalsubstrat verwenden.

Sparsam säen!

Auf der Rückseite von Samentütchen ist meist angegeben, für wie viele Pflanzen der Inhalt der Tüte reicht. Weil für den Balkon nur relativ wenige Pflanzen jeder Art gebraucht werden, ist die Aussaat in Schalen nicht immer empfehlenswert. Die Schalen benötigen viel Platz, und wer braucht schon 100 Salatpflanzen? Viel praktischer ist die Aussaat in biologisch abbaubaren Papptöpfen oder selbst gerollten „Töpfen" aus Zeitungspapier. Anzuchtsubstrat einfüllen, etwas anfeuchten und in jeden Topf drei oder vier Samenkörner legen. Je nach Pflanzenart andrücken oder mit Erde bedecken, nochmals vorsichtig mit Wasser besprühen, mit transparenter Folie abdecken und auf eine sonnige Fensterbank stellen. Wenn sich an der Folie Kondenswassertröpfchen bilden, sollte sie gelegentlich zum Lüften abgenommen werden.

Sobald sich Pflänzchen zeigen, beobachten Sie ihr Wachstum einige Tage. Zupfen Sie dann die schwächeren aus und lassen Sie nur den kräftigsten Sämling stehen. Nach einiger Zeit brauchen die Pflanzen größere Töpfe. Dann werden sie mitsamt den Papp- oder Papiertöpfen umgepflanzt. So werden die empfindlichen Wurzeln nicht gestört, und das Papier verrottet mit der Zeit.

Tipp

Auch aus leeren Pappröhren von Küchenrollen oder Toilettenpapier lassen sich kompostierbare „Anzuchttöpfe" machen. Einfach unten mit Zeitungspapier abdichten!

Tipp

Sogar leere Eierschalen eignen sich zur Aussaat, und wenn die Pflänzchen sprießen, sind sie eine zauberhafte Tischdekoration.

GUTEN APPETIT!

Wer gern kocht, sollte sich einen kleinen Kräutergarten auf dem Balkon einrichten. Denn im Sommer sind Basilikum & Co. einfach unverzichtbar ...

Tipp

Gießen Sie Wasser,
das sich im Übertopf sammelt,
regelmäßig aus.
Die meisten Kräuter mögen
keine „nassen Füße!"

WINDRÄDER & KRÄUTERSCHILDER

Wer Kräuter selbst aussät, sollte Schildchen dazustecken, denn die kleinen Sämlinge verschiedener Arten sehen einander zum Verwechseln ähnlich.

SIE BRAUCHEN:

Pro Windrad
- 2 unterschiedlich gemusterte Stoffstücke, 17 x 17 cm
- Klebevlies mit Trägerpapier, 17 x 17 cm
- Aufbügelbare, abwaschbare Folie (für Textilien), 2x 17 x 17 cm
- Windradbastelset
- Lochzange
- Schere
- Backpapier
- Permanentmarker in Schwarz

Vorlage s. Seite 94 oder auf www.christophorus-verlag.de

SIE BRAUCHEN:

Für 6 Schilder
- 6 Alulöffel
- Harte Unterlage, z. B. Amboss
- Hammer
- Buchstaben-Schlagstempelset
- Permanentmarker in Schwarz

WINDRÄDER

1 Das Klebevlies auf die linke Seite eines Stoffstückes bügeln, das Trägerpapier abziehen und das zweite Stoffstück mit der linken Seite auflegen. Auf diese Weise werden die beiden Stücke miteinander verbunden. Die Bügelfolienquadrate laut Herstellerangaben auf die beiden rechten Seiten der Stoffquadrate bügeln, dabei Backpapier als Schutz für das Bügeleisen unterlegen.

2 Nach der Vorlage eine Schablone anfertigen, dabei auch die Markierungen (Schneidelinien, Löcher) übertragen. Die Schablone auf das fertige Stoffquadrat legen und die Löcher und Schneidelinien mit einem Stift markieren. Die Linien einschneiden und die Löcher mit dem Locher stanzen. Das Windrad laut Bastelsetanleitung zusammenbauen.

KRÄUTERSCHILDER

1 Die Löffel auf dem Amboss flach hämmern. Anschließend die Buchstaben der gewünschten Pflanzen- oder Kräuternamen mit den Schlagstempeln auf den Löffeln anbringen.

2 Die Buchstaben mit einem Permanentmarker schwarz färben; Farbreste mit ein paar Tropfen Spiritus oder Nagellackentferner beseitigen. Die fertigen Löffelschilder in die Töpfe stecken.

WÜRZIGE ERNTE

Wie praktisch, wenn man würzige Kräuter für den Salat oder die Pastasauce jederzeit frisch zur Hand hat!
Manche Kräuter muss man Jahr für Jahr neu aussäen, andere können jahrelang im Kasten oder Kübel bleiben.

Einjährige Kräuter

Anis, Basilikum, Bohnenkraut, Borretsch, Dill, Kerbel, Koriander und Portulak und andere Kräuter leben nur eine Saison. Sie sind nicht winterhart, werden also im Herbst aus den Kästen genommen. Im Frühling muss neu ausgesät werden. Ideal für Experimentierfreudige, denn man kann jedes Jahr etwas anderes probieren.

Zweijährige Kräuter

Die Lebenszeit von Angelika- und Barbarakraut sowie von Kümmel und Petersilie dauert zwei Jahre. Im ersten Jahr bilden die Pflanzen essbare Blätter. Im zweiten Standjahr erscheinen zuerst Blätter, dann aber auch Blüten, aus denen Samen entstehen. Danach sterben die Pflanzen meist ab und müssen erneuert werden.

Mehrjährige Kräuter

Estragon, Liebstöckel, Bärlauch, Bergbohnenkraut,
Minze, Majoran, Oregano und Zitronenmelisse sind
mehrjährige Stauden. Ihre oberirdischen Teile verhol-
zen nicht. Wenn sie im Herbst braun werden, schneiden Sie die Stängel einfach kurz über dem Substrat
ab. Im folgenden Frühling treiben die Pflanzen wieder
aus. Schnittlauch ist streng genommen ein Zwiebel-
gewächs, wird aber wie eine Staude behandelt. Wenn
die Pflanzen mit den Jahren zu groß für ihren Kübel
werden, kann man sie einfach teilen.

Essbare Blüten

Die meisten typischen Küchenkräuter haben essbare
Blüten. Sie schmecken ähnlich wie die Blätter der
jeweiligen Pflanze, aber meist etwas milder und – da
sie Nektar enthalten – süßlicher. Größere Blüten sind
eine farbenfrohe, würzige Garnierung für Salate oder
Desserts. Man kann sie auch in Eiswürfelformen
einfrieren und zum Dekorieren von sommerlichen
Getränken verwenden. Viele Internetseiten informieren
ausführlich darüber, welche Blüten essbar sind und
wie sie schmecken.

Sträucher

Rosmarin, Thymian, Oregano und Salbei wachsen mit der Zeit zu kleinen Sträuchern mit holzigen Trieben heran. Sie sollten nach der Blüte zurückgeschnitten werden, damit sie schön kompakt bleiben. Schneiden Sie aber nicht zu rigoros, denn aus den holzigen Teilen treiben sie meist nicht wieder aus. Diese Kräuter stammen aus dem Mittelmeerraum und sind wie geschaffen für einen Südbalkon, denn pralle Hitze und gelegentliche Trockenheit halten sie gut aus.

Exotische Kräuter

Wer gern ausgefallene Gerichte kocht, wird an Zitronengras, Ingwer oder vietnamesischem Koriander aus Asien Freude haben. Vielleicht finden Sie auch Zitronenverbene, eine weniger bekannte Pflanze aus dem Mittelmeerraum, oder Stevia aus Südamerika spannend? Alle genannten Pflanzen sind mehrjährig, vertragen aber keinen Frost. Das bedeutet, dass sie zur Überwinterung ins Haus geholt werden müssen. Samen und Jungpflanzen sind bei spezialisierten Händlern erhältlich.

Kräuterkiste

Kleine, leere Holzkisten mit Griffen sehen dekorativ aus und sind sehr praktisch. Zuerst können sie als „Kindergarten" für die Jungpflanzen in Anzuchttöpfen dienen und später als mobiler Kräutergarten, der ruhig auch „zur Selbstbedienung" auf den Esstisch gestellt werden kann. Wer genug Platz hat, könnte zwei oder drei solcher Kisten vorbereiten: Die nächste Einladung zur Grillparty kommt bestimmt, und als Mitbringsel muss es ja nicht immer ein Blumenstrauß sein.

Tipp

Legen Sie den Boden der Kiste mit Plastikfolie aus, damit er durch auslaufendes Gießwasser nicht durchweicht und morsch wird.

FREILUFT-ESSZIMMER

An der frischen Luft schmeckt einfach alles besser! Mit einem fruchtigen Drink und einem knackigen Salat wird selbst eine kurze Mittagspause zu einem kleinen Fest.

Tipp

Duftblattpelargonien mit herb duftenden Blättern sehen hübsch aus und halten aufdringliche Insekten auf Abstand.

WÄSCHEKLAMMERBEUTEL

Wäsche, die von Wind und Sonne getrocknet wurde, duftet herrlich frisch. In dieser fröhlichen Tasche sind die Klammern immer griffbereit.

SIE BRAUCHEN:

- Baumwollstoff:
  - in Türkis mit weißen Tropfen, 30 cm (Stoff 1)
  - in Schwarz-Weiß gemustert (Stoff 2)
  - in Gelb mit Muster, 20 cm (Stoff 3)
- Schrägband mit Häkelrand, 70 cm
- Jumbo-Zackenlitze, 25 cm
- Volumenvlies, 30 cm
- 2 Druckknöpfe in Schwarz
- Mini-Quilt-Bügel „Willkommen" oder normaler Kleiderbügel
- Nähgarn in Weiß, Türkis, Schwarz
- Nähmaschine

Schnittmuster s. Seite 95 oder auf www.christophorus-verlag.de

Zuschneiden: Stoffbreite: 110 cm; Angaben inkl. 1 cm Nahtzugabe
- jeweils 1x Vorder- und Rückseite aus Stoff 1 und 2
- 2x Oberteil aus Stoff 3: je 26 x 10 cm
- 6x Blüte aus Stoff 3

Volumenvlies (rundherum jeweils 1 cm kleiner als Stoffzuschnitte):
- jeweils 1x Vorder- und Rückseite
- 1x Oberteil
- 3x Blüte

1 Volumenvlies auf die linke Seite eines Blütenzuschnitts bügeln. Zwei Blütenteile rechts auf rechts feststecken und rundherum – bis auf die gerade Kante – zusammennähen. Die Kurven einschneiden, wenden und bügeln. Zwei weitere Blüten anfertigen.

2 Volumenvlies auf die linken Seiten der Vorder- und Rückseite der Außentasche (Stoff 1) bügeln. Die Zackenlitze auf die Vorderseite nähen. Die Blüten im Ausschnitt der Vorderseite feststecken und knappkantig annähen. Die überstehenden Ränder der Blüten zurückschneiden. Vorder- und Rückseite der Außentasche rechts auf rechts feststecken und rundherum – bis auf die obere Kante – nähen. Die Ecken 4 cm abnähen, dabei liegt die Seitennaht auf der Bodennaht. Die abgenähten Spitzen abschneiden.

3 Die Teile für die Innentasche (Stoff 2) rechts auf rechts feststecken und rundherum – bis auf die obere Kante – nähen. Die Ecken abnähen. Die Futtertasche links auf links in die Außentasche stecken. Die Rundung des Ausschnitts mit dem Schrägband einfassen. Für die Aufhängeschlaufen jeweils 18 cm lange Schrägbandstücke links auf links legen und die langen Kanten absteppen.

4 Das Volumenvlies auf die linke Seite eines Oberteils (Stoff 3) bügeln. Die Schlaufen auf der rechten Seite feststecken und knappkantig annähen. Das zweite Oberteil rechts auf rechts darauf feststecken und rundherum – bis auf die untere Seite – nähen. Die offenen Kanten jeweils 1 cm nach innen umbügeln. Das Oberteil über das Unterteil stülpen und absteppen. Die Druckknöpfe an den Schlaufen befestigen.

GLASABDECKUNGEN

Legen Sie so einen praktischen Deckel mit Loch für den Trinkhalm auf Ihr Glas, dann brauchen Sie Saft oder Limo nicht mit Wespen & Co. zu teilen.

SIE BRAUCHEN:

Für 6 Teile; Stoffbreite: 145 cm

- Tafeltuch, 15 cm
- Wachstuch (beschichtete Baumwolle) in Hellgrün mit Sternen, 15 cm
- Klebevlies mit Trägerpapier, 10 cm
- 6 Metallösen, Ø 5 mm, und Werkzeug zum Anbringen
- Nähgarn in Grün
- Zackenschere
- Backpapier
- Kugelschreiber
- Nähmaschine

Vorlage s. Seite 94 oder auf www.christophorus-verlag.de

Tipp

Die Glasabdeckungen (Tafeltuch) können auch mit weißer Kreide beschriftet werden.

1 Aus Tafeltuch und aus Wachstuch jeweils sechs 13 x 13 cm große Quadrate zuschneiden. Nach der Vorlage sechs Sterne auf die glatte Seite des übrigen Klebevlieses übertragen, grob ausschneiden, auf die linke Seite des Wachstuches aufbügeln (Bügeleiseneinstellung „Wolle") und exakt ausschneiden. In die Mittelpunkte der Sterne jeweils mit einer Stecknadel ein kleines Loch stechen.

2 Auf die linken Seiten der Tafeltuchquadrate diagonale Linien zeichnen; in die Mittelpunkte jeweils ein kleines Loch stechen. Das Trägerpapier auf der Rückseite der Sterne abziehen und die Sterne auf den rechten Seiten der Tafeltuchquadrate aufbügeln (= Vorderseiten der fertigen Glasabdeckungen), dabei Backpapier unterlegen. Die Sterne mit einem Dreifachgeradstich oder einem eng eingestellten Zickzackstich applizieren.

3 Für jede Glasabdeckung die Vorder- und die Rückseite zusammenfügen: Hierfür nach der Vorlage mit einem Kugelschreiber Kreise auf die Vorderseiten übertragen. Anschließend die Vorder- und die Rückseiten jeweils links auf links legen und mit einem Dreifachgeradstich zusammennähen. Falls vorhanden, einen Kreisnäher verwenden. Die Kreise mit der Zackenschere etwa 2 bis 4 mm von der Naht entfernt ausschneiden und die Ösen mittig anbringen.

FEIERLAUNE

Der Balkontisch soll nicht nur liebevoll gedeckt sein – er sollte auch praktische Vorzüge haben.
Wir hätten da ein paar Tipps …

SIE BRAUCHEN:

➤ 8 Keramikfliesen in Weiß,
10 x 10 cm
➤ Porzellanmalstift in Schwarz
(Pinselspitze: 1–4 mm)
➤ Bastelfilz in Rot, Blau,
2 mm stark, 10 cm
➤ Etwas Klebefolie
➤ Spiritus
➤ Heißkleber
➤ Schere

GLASUNTERSETZER

1 Die Fliesen mit Spiritus gründlich säubern. Mit einem Porzellanmal-stift einfache Muster aus Linien, Schnörkeln und Punkten auf die Oberflächen und – wenn Sie möchten – auf die Ränder malen. Wer unsicher ist, zeichnet die Muster zuerst auf Papier vor.

2 Die bemalten Fliesen etwa 15 Minuten trocknen lassen. Nebenei-nander auf ein Backblech legen und die Farbe im Backofen nach Herstellerangaben trocknen. Im Backofen auskühlen lassen.

3 Aus rotem und blauem Filz jeweils vier 10 x 10 cm große Quadrate zuschneiden. Unter jede Fliese mit Heißkleber ein Filzquadrat kle-ben. Ab sofort haben hässliche Ränder, die durch Kondenswasser an kühlen Gläsern entstehen, keine Chance.

Tipp

Die Untersetzer können auch für eine Party mit den Namen der Gäste beschriftet und nach der Feier den Gästen als Geschenk mitgegeben werden. Zum Beschriften zunächst in der Mitte einer Kachel eine kreis-förmige Fläche abkleben und rundherum mit dem Porzellanmalstift ein Muster aufmalen. Anschließend die Klebefolie entfernen und den Na-menszug aufmalen. Die Porzellanmalfarbe, wie oben beschrieben, im Backofen fixieren.

TISCHDECKENBESCHWERER

1 Den Korken durchbohren und auf die Schnur fädeln, dabei ein langes Ende hängen lassen. Nun verschiedene Perlen und Knöpfe und andere dekorative Kleinigkeiten auffädeln – am besten in Farben, die zum Tischtuch oder zum Geschirr passen.

2 Die Schnur durch den Korken nach oben ziehen. Beide Enden sicher um den Ring der Gardinenclips knoten, noch einmal durch den Korken ziehen und knapp unter ihm abschneiden.

SIE BRAUCHEN:
Gardinenclips, Korken, Knöpfe, Glasperlen, dünne Schnur oder Angelsehne

HOLZBESTECK

1 Preiswertes Einwegbesteck aus Holz lässt sich im Handumdrehen veredeln. Bestreichen Sie die verbreiterten Stielenden mit weißer Farbe. Sie sollte nach dem Trocknen wasserfest sein. Gut trocknen lassen.

2 Mit einem dünnen Permanentmarker können Sie nun „Guten Appetit" oder die Namen der Gäste auf den weißen Hintergrund schreiben. Oder Sie lassen sich von Omas gutem Besteck inspirieren und malen verschnörkelte Monogramme auf.

SIE BRAUCHEN:
Einwegbesteck aus Holz, weiße Farbe, Permanentmarker

GENUSS GRIFFBEREIT

Obst- und Gemüseanbau auf dem Balkon liegen im Trend. Das haben auch die Erzeuger von Saatgut und Pflanzen erkannt und bieten vieles im kübeltauglichen Kleinformat an.

Folgesaaten

Dass Erdbeeren im Balkonkasten prächtig gedeihen, ist keine Neuigkeit. Dasselbe gilt aber auch für alle Gemüsearten, die keine langen Wurzeln bilden und darum mit relativ kleinen Kästen oder Kübeln auskommen. Kohlrabi, Rote Bete, Gemüsefenchel, Spinat oder Mangold lassen sich ganz leicht aus Samen heranziehen, und mit ihren interessanten Blättern machen sie auch zwischen Blumen eine gute Figur. Am besten legen Sie im Frühling alle ein bis zwei Wochen jeweils nur wenige Samen in die Erde, damit Sie über mehrere Wochen hinweg fortlaufend kleine Portionen ernten können.

Lückenfüller

Sommerblumen, die im Frühjahr gepflanzt werden, sind noch recht klein. Es dauert also eine Weile, bis sie die Kästen und Kübel üppig ausfüllen. Säen Sie in die Zwischenräume doch Gemüsearten wie Radieschen oder Mini-Romanasalat, die sehr schnell erntereif werden. Sie füllen die Lücken in den ersten Wochen, und nach der Ernte können die Blumen sich ausbreiten. Auch Steckzwiebeln oder Knoblauch passen bestens in kleine Lücken, und da sie wenig Platz einnehmen, beengen sie die Blumen nicht. Schneiden Sie ruhig gelegentlich einige grüne Halme für den Salat.

Stecklinge ziehen

Jungpflanzen muss man nicht kaufen. Vielleicht wächst bei Freunden ja eine Pflanze, von der Sie gern ein kleines Exemplar hätten? Für Nachwuchs genügen oft ein paar Stängel dieser Pflanze.

Kräftige, ansatzweise verholzte Stängel von Kräutern wie Rosmarin, Lavendel oder Thymian bewurzeln besonders leicht.

Die Stängel mit einer sauberen Schere auf ca. 5–8 cm kürzen und die unteren Blätter entfernen. Drei bis fünf Blätter sollten stehen bleiben.

Das Stängelende in Bewurzelungspulver tauchen. So bestehen bessere Chancen, dass die Anzucht gelingt. Nun jeden Steckling so tief, dass die Blätter gerade herausschauen, in einen kleinen Topf mit Anzuchtsubstrat setzen und feucht – aber nicht zu nass – halten.

Hungrig und durstig

Gemüsearten wie Kürbis, Zucchini und Bohnen sehen dekorativ aus, haben aber einen hohen Nährstoffbedarf. Sie kommen mit der geringen Substratmenge im Balkonkasten nicht aus und müssen darum in größere Kübel gepflanzt werden. Denken Sie daran, dass solche Gemüsearten viel Wasser brauchen. Pflanzsubstrate aus dem Handel sind zwar mit Nährstoffen angereichert, doch weil sie im Lauf der Zeit verbraucht werden, müssen die „hungrigen" Gemüsesorten spätestens ab der Mitte des Sommers mit Dünger versorgt werden.

Tomaten

Eine voll ausgereifte, sonnenwarme Tomate direkt vom Strauch schmeckt um Längen besser als alles, was man im Laden kaufen kann. Die Auswahl der Sorten reicht von Minis für Kästen und Ampeln bis zu hohen Rispentomaten, die sogar als Sichtschutz dienen können. Tomaten lieben einen warmen Platz und mögen nicht gern im Regen stehen. Wenn sie mit Tomatendünger versorgt werden, tragen sie reichlich. Wichtig ist, sie regelmäßig – und nicht zu üppig – zu gießen. Wenn sie zu viel Wasser bekommen, können die Früchte platzen.

An apple a day ...

Wer einen etwas größeren Balkon hat, könnte sogar einen Beerenstrauch oder einen Obstbaum pflanzen. Die Züchter haben sich auf die neue Lust am Balkongarten eingestellt und präsentieren ein attraktives Angebot von Obstsorten, die nicht viel Platz einnehmen. Stachelbeeren und Johannisbeeren sind als Hochstämmchen erhältlich. Obstbäume gibt es im Miniaturformat und auch mit säulenförmig schlankem Wuchs. Sogar Bäumchen, die zwei oder drei verschiedene Apfel- oder Birnensorten tragen, sind zu bekommen. Das ist clever, denn so wird der passende Bestäubungspartner gleich mitgeliefert.

Auch kleine Obstgehölze brauchen einen großen Kübel, der auch den Winter unbeschadet übersteht. Alle zwei Jahre sollten Sie ihnen frisches Pflanzsubstrat gönnen.

PAUSE AM NACHMITTAG

Ein erfrischender Drink, ein fruchtiges Sorbet und
bequeme Kissen in frischen Farben – da bleibt man
gern ein bisschen länger sitzen.

DREIECK-KISSEN

Weiche Kissen machen robuste Balkonstühle bequemer. Natürlich können Sie für dieses Modell auch andere Stoffe nach eigenem Geschmack verwenden.

SIE BRAUCHEN:

➤ Baumwollstoff:
  ➤ „Batik" in Mintgrün (Stoff 1), 50 cm
  ➤ in Coral mit Vögeln (Stoff 2), 50 cm
  ➤ in Beige-Schwarz (Stoff 3), 15 cm
  ➤ in Mint mit Blüten (Stoff 4), 15 cm
  ➤ in Gelb mit Muster (Stoff 5), 15 cm
➤ Dünne, aufbügelbare Vlieseinlage, 15 cm
➤ Reißverschluss (RV) in Weiß, 45 cm (Meterware)
➤ Reißverschluss-Schieber
➤ Nähgarn in Weiß, Grau
➤ Kisseninlet, 50 x 50 cm
➤ Essstäbchen
➤ Nähmaschine

Vorlage S. 94 oder Schnittmuster auf www.christophorus-verlag.de

Zuschneiden: Stoffbreite: 110 cm; inkl. 1 cm Nahtzugabe
➤ 50 x 50 cm aus Stoff 1 (= Kissenvorderseite) und 2 (= Kissenrückseite)
➤ 5 Dreiecke aus Stoff 4
➤ 3 Dreiecke aus Stoff 3
➤ 1 Dreieck aus Stoff 2
➤ 1 Dreieck aus Stoff 5
➤ 10 Dreiecke aus der Vlieseinlage

1 Jeweils ein Dreieck aus Stoff und eins aus der Vlieseinlage rechts auf rechts legen, dabei zeigen die Klebepunkte der Vlieseinlage nach außen. Anschließend rundherum nähen, dabei die Nahtzugabe beachten. Die Ecken schräg abschneiden. An der Rückseite der Vlieseinlage einen etwa 5 cm langen Schnitt ausführen, dabei nicht den Stoff durchschneiden. Die Dreiecke wenden, die Ecken mit einem Essstäbchen ausarbeiten und gut bügeln.

2 Die Dreiecke auf der Kissenvorderseite der Abbildung entsprechend anordnen und mit einem 3 mm langen Geradstich knappkantig aufsteppen. Hierfür am besten graues Nähgarn verwenden, denn diese Farbe ist nach dem Nähen kaum sichtbar.

3 Die Kanten der Vorder- und der Rückseite mit einem Overlock- oder Zickzackstich versäubern. Vorder- und Rückseite rechts auf rechts legen und an der unteren Kante jeweils 5 cm an jeder Seite zusammennähen. Die Nahtzugaben auseinanderbügeln.

4 Den Schieber am Reißverschluss (RV) anbringen und den RV so unter der gerade entstandenen Aussparung feststecken, dass die RV-Zähnchen mittig zwischen den zwei Stoffen liegen und nach oben zeigen. Den RV mit einem RV-Fuß in Rechteckform nähen. Die RV-Enden mit einem Feuerzeug leicht zum Schmelzen bringen.

5 Die Kissenteile wieder rechts auf rechts legen, feststecken und die übrigen drei Seiten nähen, dabei den RV zur Hälfte offen lassen. Das Kissen wenden und bügeln.

ERFRISCHUNG GEFÄLLIG?

Fruchtig-frische Getränke schmecken wunderbar, aber wer möchte sie schon mit „fliegenden Balkonbesuchern" teilen?

SIE BRAUCHEN:

➤ Bügelperlen in Wunschfarben
➤ Stiftplatte
➤ Trinkhalme
➤ Farbiges Papier
➤ Klebestift
➤ Bügeleisen
➤ Backpapier

GLASABDECKUNGEN & TRINKHALME

1 Für die Glasabdeckungen zunächst Bügelperlen in Farben nach eigener Wahl zusammenstellen. Die Perlen in einem Muster auf einer Stiftplatte (die etwas größer als der Durchmesser des Glases sein sollte) anordnen. Probieren Sie ruhig verschiedene Muster aus. Wichtig ist, dass in der Mitte ein Loch bleibt, durch das ein Trinkhalm passt.

2 Nun vorsichtig ein Stück Backpapier auf die Bügelperlen legen und mit dem heißen Bügeleisen so lange über das Backpapier bügeln, bis die Bügelperlen miteinander verschmolzen sind. Auskühlen lassen und das Backpapier vorsichtig abziehen.

3 Für die Trinkhalme längliche Papierstreifen zuschneiden und mit einem Klebestift einfach im oberen Drittel des Halms festkleben. Das Beschriften lässt sich vor dem Ankleben leichter erledigen, den Zacken ins Ende schneiden Sie erst danach.

4 Wenn Sie eine Party feiern, beschriften Sie die Fähnchen doch mit den Namen der Gäste. Das ersetzt Tischkarten, und wenn die Gäste die Plätze wechseln, findet jeder sein Glas leicht wieder.

ABDECKHAUBE

1 Ob frisches Obst, Kuchen oder würziger Käse: Naschen darf nur, wer eingeladen ist. Preiswerte Hauben aus Fliegengitter lassen sich im Handumdrehen individuell veredeln.

2 Abgeflachte Perlen können Sie einfach aufkleben. Rundliche Perlen oder kleine Stoffblumen werden – am besten mit transparentem Nähgarn – mit einigen Stichen unauffällig festgenäht. Für einen festlichen Anlass könnten Sie auch schimmernde Pailletten verwenden.

SIE BRAUCHEN:
Gekaufte Haube aus Fliegengitter, Bügelperlen, Bügelperlen-Stiftplatte, Bügeleisen, Backpapier, Heißkleber, alternativ Perlen, Stoffblümchen, Pailletten.

ERDBEERSORBET

1 Die Erdbeeren waschen. Die Stielansätze entfernen und die Früchte im Mixer fein pürieren. Wer die kleinen Kerne nicht mag, streicht das Püree durch ein feines Sieb. Zucker und Wasser aufkochen und abkühlen lassen.

2 Fruchtpüree mit Zuckersirup und Limettensaft verrühren. In einer flachen Kunststoffform etwa vier Stunden einfrieren. Zwischendurch regelmäßig mit einer Gabel oder einem Schneebesen durchrühren.

SIE BRAUCHEN:
Für 4 Portionen
1 kg reife Erdbeeren, 200 g Zucker, 300 ml Wasser, Saft von 1 Limette

PRIVATSPHÄRE

Kletterpflanzen bieten nicht nur angenehmen Sichtschutz. Weil sie die Senkrechte nutzen,
vergrößern sie die Pflanzenvielfalt, ohne dabei viel Platz einzunehmen.

Einjährig und bunt

Wenn Sie Freude daran haben, den Balkon in jeder Saison anders zu gestalten, sind Sie mit einjährigen Kletterpflanzen gut bedient. Viele lassen sich problemlos aus Samen heranziehen. Duftwicke, Thunbergie, Prunkwinde, Ballonpflanze, Kapuzinerkresse, Glockenrebe oder Schönranke klettern an einem Spalier rasch in die Höhe und bilden im Sommer eine zauberhafte Wand aus dichtem Blattwerk und fröhlich bunten Blüten. Alle gedeihen am besten an einem sonnigen Standort.

Blätterwand

Wenn Ihr Balkon relativ wenig Sonne bekommt, sind Kletterpflanzen mit attraktiven Blättern die beste Wahl. Sommergrüne Arten wie Wilder Wein oder Jungfernrebe begeistern im Herbst mit ihrem flammenden Farbenspiel. Kletterhortensien tragen im Sommer weiße Blüten, und im Herbst färben sich ihre Blätter leuchtend buttergelb. Efeu und immergrüne Geißblattarten geben auch im Winter guten Sichtschutz. Da alle genannten Kletterpflanzen recht robust sind, eignen sie sich auch für windige Balkone.

Alle Jahre wieder

Wer sich einen blühenden Sichtschutz wünscht, aber nicht jedes Jahr von vorn beginnen möchte, sollte sich unter den mehrjährigen Kletterpflanzen umsehen. Viele Clematisarten wachsen auch im Kübel kräftig und schmücken sich im Spätfrühling oder Sommer mit hinreißenden Blüten, aus denen sich später im Jahr interessant geformte Samenstände entwickeln. Blauregen braucht mehr Platz und eine stabile Kletterhilfe, fasziniert aber im Frühsommer mit seinen stattlichen, duftenden Blütenständen. Kletterhortensien fühlen sich auch auf einem schattigen Balkon wohl. Die meisten blühenden Kletterpflanzen werfen im Herbst ihre Blätter ab, bieten also nur in der warmen Jahreszeit Sichtschutz. Bougainvillea begeistert mit exotischen Blütenwolken, muss aber frostfrei überwintert werden.

Tipp

Frostempfindliche Kübelpflanzen, die im Herbst alle Blätter abwerfen, dürfen im dunklen Keller überwintern. Sie brauchen erst wieder Licht, wenn sie austreiben.

Clematisvielfalt

Edles Weiß, zartes Rosa, knalliges Pink oder sattes Violett? Sie haben die Wahl!

Clematis „Wisley"

Clematis „Marmori"

Clematis „Ville de Lyon"

Clematis „Happy Birthday"

ZEIT FÜR MICH

Von Blüten umschwebt an einem gemütlichen Platz mit einem guten Buch die Zeit vergessen – das ist Lebensqualität!

ÜBERTÖPFE MIT RAUTEN

Sind von den selbst genähten Kissen noch ein paar Stoffreste übrig?
Wie wäre es dann mit passend verzierten Übertöpfen?

SIE BRAUCHEN:

➤ Übertöpfe aus Zinkblech, Ton oder Kunststoff
➤ Grundierung
➤ Acrylfarbe oder Sprühlack
➤ Stoffreste
➤ Vlieseline
➤ Découpage-Kleber
➤ Kork-Klebefolie
➤ Cutter und Lineal

1 Als Übertopf können Sie nahezu jedes passende Gefäß verwenden. Wichtig ist nur, für den jeweiligen Untergrund die richtige Grundierung zu wählen, damit der farbige Anstrich gut darauf hält. Zuerst muss die Oberfläche gründlich gereinigt werden. Danach trocknen Sie die sauberen, fettfreien Töpfe gut ab.

2 Die Grundierung auftragen und vollständig trocknen lassen. Danach mit Acrylfarbe – passend zu Ihren Balkonkissen – farbig streichen. Eventuell sind zwei Anstriche nötig, damit die Farbe perfekt deckt. Zwischendurch trocknen lassen.

3 Die Vlieseline auf die Rückseite des Stoffs bügeln, damit er nicht ausfranst. Nun mit Lineal und Cutter aus dem Kork und dem verstärkten Stoff gleichmäßige Rauten (oder andere Formen) zuschneiden. Legen Sie dabei ein Holzbrett oder eine Schneidematte unter.

4 Die Rückseiten der Rauten mit Découpage-Kleber bestreichen. Die Rauten auf die Töpfe kleben und die Rauten sowie den gesamten Topf ebenfalls mit dem Découpage-Kleber einstreichen, das macht den Stoff wasserfest. Am besten probieren Sie die Anordnung vorher einmal „trocken" aus.

5 Wenn der Kleber gut durchgetrocknet ist, können die Blumen einziehen. Am schönsten sieht es aus, wenn Sie Blütenfarben wählen, die zum Design der Übertöpfe passen.

SUMMERTIME

Wie wäre es mit einem Smoothie als supergesunde, leckere Zwischenmahlzeit?
Auch mit Kräutern sind diese fruchtig-frischen Mixgetränke ein Genuss.

SIE BRAUCHEN:
- ➤ Schraubgläser mit Deckel
- ➤ Bohrer
- ➤ Malerkrepp
- ➤ Tafelfarbe
- ➤ Kreidemarker

JEDEM SEIN GLAS

1 Zuerst in die Mitte jedes Deckels ein passendes Loch für einen Trinkhalm bohren. Am besten legen Sie dazu ein Stück Holz unter. Kunststoffdeckel (z. B. von Honiggläsern) lassen sich leichter durchbohren als Metalldeckel.

2 Auf dem Glas mit Malerkrepp ein Rechteck abkleben und mit Tafelfarbe ausmalen. Passen Sie die Größe der Rechtecke den Namen der Gäste an. Wenn die Farbe trocken ist, können Sie die Felder mit Kreide beschriften.

MELONEN-SMOOTHIE

1 Die Melone entkernen und schälen. Die Birnen halbieren und entkernen. Geschält werden nur Sorten mit bräunlicher Schale. Grün- und gelbschalige Birnen bleiben ungeschält. Die Bananen schälen. Die Limette auspressen.

2 Alle Früchte grob würfeln. Zuerst Melone und Limettensaft in den Mixer geben und grob pürieren. Dann Birnen und Bananen zufügen und alles zusammen glatt pürieren. Nach Belieben mit Honig süßen.

SIE BRAUCHEN FÜR 2 PERSONEN:
1 vollreife, gelbfleischige Melone, 2 reife Birnen, 2 reife Bananen, 1 Bio-Limette, Honig nach Geschmack

BEMALTE ÜBERTÖPFE

1 Die Übertöpfe waschen und mit ein wenig Spiritus von Staub- und Fettresten befreien. Die gewünschten Designs entweder zuerst mit dem Bleistift aufzeichnen und mit dem Porzellanstift nachzeichnen oder einfach direkt auf den Topf zeichnen. Sie müssen überhaupt nicht zeichnen können! Mit einfachen Punkten, Strichen und geometrischen Formen erzielen Sie tolle Ergebnisse.

2 Die Töpfe sollten ca. 15 Minuten trocknen. Danach werden Sie für 25 Minuten bei 160 °C im Backofen fixiert und im Ofen ausgekühlt.

SIE BRAUCHEN:
2 weiße Übertöpfe, Filzstift (1 - 4 mm), Spiritus, Papiertücher, Bleistift 3B

STATEMENT-TOPF

1 Den Topf gründlich säubern und trocknen. Den Schriftzug zur Probe auf Papier schreiben, um die Größe des Korkrechtecks zu ermitteln. Mit Permanentmarker und Lineal den „Rahmen" auf den Kork zeichnen.

2 Den Schriftzug in den Rahmen schreiben. Dann das Korkrechteck mit Lineal und Cutter exakt ausschneiden. Wer mag, verziert das Rechteck am Rand mit einem Muster. Die Folie abziehen und das Rechteck gerade auf den Übertopf kleben.

SIE BRAUCHEN:
Einen zylindrischen Übertopf, Kork-Klebefolie, Lineal, Cutter, Permanentmarker

HENKELKISSEN

Mit diesem Kissen haben Sie Buch oder Zeitschrift, Sonnenbrille und Handy immer dabei.
Die Griffe können Sie einfach über die Stuhllehne hängen.

SIE BRAUCHEN:

➤ Baumwollstoff:
  ➤ in Mint-Weiß mit Dreiecken (Stoff 1), 35 cm
  ➤ in Coral-Mint mit Blättern (Stoff 2), 20 cm
  ➤ in Schwarz-Weiß gemustert (Stoff 3), 10 cm
➤ Reißverschluss (RV) in Weiß, 35 cm (Meterware)
➤ RV-Schieber
➤ Aufbügelbare Vlieseinlage, 20 cm
➤ Kisseninlet, 30 x 40 cm
➤ Nähgarn in Weiß
➤ Nähmaschine

Zuschneiden: Stoffbreite: 110 cm; Angaben inkl. 1 cm Nahtzugabe
➤ 2x 32 x 42 cm aus Stoff 1 (Vorder- und Rückseite)
➤ 1x 18 x 42 cm aus Stoff 2 (Tasche) und aus der Vlieseinlage
➤ 2x 5 x 40 cm und 1x 5 x 42 cm aus Stoff 3 (Henkel und Einfassstreifen für Tasche)

1 Die langen Kanten des Einfassstreifens zur Mitte und anschließend zur Hälfte bügeln. Den Vlieszuschnitt auf die linke Seite des Taschenzuschnitts bügeln und die obere Kante der Tasche mit dem Streifen einfassen. Für die Henkel die Streifen an den langen Kanten jeweils 1 cm nach links und anschließend zur Hälfte bügeln. Die offenen Kanten mit einem 3-mm-Geradstich absteppen. Die Henkelstreifen der Abbildung entsprechend an der Vorder- und an der Rückseite annähen.

2 Die Tasche auf der Vorderseite feststecken und – bis auf die obere Kante – annähen. Die Tasche mittig absteppen, damit zwei Fächer entstehen. Die Kanten der Vorder- und der Rückseite mit einem Zickzack- oder Overlockstich versäubern. Vorder- und Rückseite rechts auf rechts legen und an der unteren Kante jeweils 5 cm an jeder Seite zusammennähen (Nahtzugabe beachten). Die Nahtzugaben auseinanderbügeln.

3 Den Schieber am RV anbringen und den RV so unter der gerade entstandenen Aussparung feststecken, dass die RV-Zähnchen mittig zwischen den zwei Stoffen liegen und nach oben zeigen. Den RV mit einem RV-Fuß in Rechteckform nähen. Die RV-Enden mit einem Feuerzeug leicht zum Schmelzen bringen. Die Teile wieder rechts auf rechts legen, feststecken und die übrigen drei Seiten nähen; dabei den RV zur Hälfte offen lassen. Das Kissen wenden und bügeln.

STUHLKISSEN

*Das Design dieses Kissens ist eine vergrößerte Version des Tischdecken-Stoffmusters.
Natürlich kann man den Bezug abnehmen und waschen!*

SIE BRAUCHEN:

➤ Baumwollstoff:
  ➤ in Beige-Schwarz gemustert
    (Stoff 1), 45 cm
  ➤ in Coral mit weißen Vögeln
    (Stoff 2), 25 cm
➤ Reißverschluss (RV) in Weiß,
  35 cm (Meterware)
➤ RV-Schieber
➤ Schaumstoffzuschnitt, 4 cm stark,
  40 x 40 cm
➤ Nähgarn in Weiß
➤ Nähmaschine

**Schnittmuster auf www.christopho-
rus-verlag.de**

Zuschneiden:

Angaben inkl. 1 cm Nahtzugabe
➤ 2 Dreiecke aus Stoff 1 (Vorderseite)
➤ 2 Dreiecke aus Stoff 2 (Vorderseite)
➤ 1x 42 x 42 aus Stoff 1 (Rückseite)

1 Zunächst aus Packpapier eine Dreieckschablone mit folgenden Maßen anfertigen: Grundseite 42 cm, Höhe 21 cm, Schenkel 29,7 cm.

2 Ein Dreieck aus Stoff 1 und ein Dreieck aus Stoff 2 rechts auf rechts aneinandernähen. Die Nahtzugabe zu einer Seite bügeln. Die beiden anderen Dreiecke ebenfalls aneinandernähen, diesmal die Nahtzugabe jedoch in die andere Richtung bügeln.

3 Beide Hälften rechts auf rechts gut feststecken, damit die Ecken in der Mitte exakt aufeinandertreffen. Die Teile zusammennähen und die Nahtzugabe zu einer Seite bügeln.

4 Die Kanten der Vorder- und Rückseite mit einem Zickzack- oder Overlockstich versäubern. Vorder- und Rückseite rechts auf rechts legen und an der unteren Kante jeweils 5 cm an jeder Seite zusammennähen (Nahtzugabe beachten). Die Nahtzugaben auseinanderbügeln.

5 Den Schieber am RV anbringen und den RV so unter der entstandenen Aussparung feststecken, dass die RV-Zähnchen mittig zwischen den zwei Stoffen liegen und nach oben zeigen. Den RV mit einem RV-Fuß in Rechteckform nähen. Die RV-Enden mit einem Feuerzeug zum Schmelzen bringen.

6 Die Teile wieder rechts auf rechts legen, feststecken und die übrigen drei Seiten nähen, dabei den RV zur Hälfte offen lassen. Das Kissen wenden und bügeln.

ZIERKISSEN MIT KREUZSTICKEREI

Filz mit regelmäßigem Lochmuster fordert geradezu heraus, ihn mit Kreuzstich zu besticken.
Ein Name? Ein Gruß? Was immer Sie mögen!

SIE BRAUCHEN:

➤ Filzzuschnitt mit Lochmuster in Grau, 42 x 42 cm

Baumwollstoff:
  ➤ in Coral-Mint mit Blättern (Stoff 1), 50 cm
  ➤ in Mint-Weiß mit Dreiecken (Stoff 2), 10 cm
➤ Reißverschluss (RV) in Weiß, 45 cm (Meterware)
➤ RV-Schieber
➤ Wollnadel aus Kunststoff
➤ Baumwollgarn in Coral
➤ Kisseninlet, 50 x 50 cm
➤ Nähmaschine

Zuschneiden:

Stoffbreite: 110 cm; Angaben inkl. 1 cm Nahtzugabe

➤ 1x 50 x 50 cm aus Stoff 1
➤ 2x 6 x 42 cm aus Stoff 2
➤ 2x 6 x 50 cm aus Stoff 1

Vorlage Kreuzstickerei s. www.christophorus-verlag.de

1 Den Schriftzug den Zeichnungen entsprechend auf den Filzzuschnitt sticken (Kreuzstickerei) und die Fäden auf der Rückseite verknoten.

2 Die Streifen aus Stoff 2 rechts und links an der Filzvorderseite annähen (Nahtzugabe beachten) und bügeln. Anschließend die anderen beiden Streifen an die obere und die untere Kante nähen und ebenso bügeln.

3 Die Kanten der Vorder- und Rückseite mit einem Zickzack- oder Overlockstich versäubern. Vorder- und Rückseite rechts auf rechts legen und an der unteren Kante jeweils 5 cm an jeder Seite zusammennähen (Nahtzugabe beachten). Die Nahtzugaben auseinanderbügeln.

4 Den Schieber am RV anbringen und den RV so unter der entstandenen Aussparung feststecken, dass die RV-Zähnchen mittig zwischen den zwei Stoffen liegen und nach oben zeigen. Den RV mit einem RV-Fuß in Rechteckform nähen. Die RV-Enden mit einem Feuerzeug zum Schmelzen bringen.

5 Die Teile wieder rechts auf rechts legen, feststecken und die übrigen drei Seiten nähen, dabei den RV zur Hälfte offen lassen. Das Kissen wenden und bügeln.

Tipp

Erkundigen Sie sich beim Kauf, bei welcher Temperatur der Filz gewaschen werden darf. Am besten notieren!

SCHÖNER SCHEIN

Wenn die Dämmerung hereinbricht, verbreiten Kerzen auf dem Balkon romantische Stimmung. Windlichter und Lampions schützen die Flammen vor Windböen.

SIE BRAUCHEN:
- Leere Teelichthülse, 5,5 cm Ø
- Pergamentpapier, 20 x 13 cm
  Gemustertes Papier:
  - 20 x 20 cm
  - 2x 2 x 20 cm

ASIATISCHE LAMPIONS

1. Für einen Lampion eine Schmalseite des Pergamentpapiers mit Klebstoff bestreichen. Das Papier um die leere Teelichthülse legen und zu einer Röhre zusammenkleben.

2. Auf der Rückseite des gemusterten Papierquadrats im Abstand von 2 cm zu jeder Schmalseite eine Linie ziehen. Zwischen diesen beiden Linien das Papier mit dem Cutter in Abständen von 1 cm senkrecht einschneiden. Zur Verstärkung der Ober- und Unterkante die beiden Streifen aufkleben.

3. Einen Randstreifen des eingeschnittenen Papiers mit Klebstoff bestreichen und um den oberen Rand der Pergamentpapierröhre kleben. Trocknen lassen, dann den anderen Randstreifen des eingeschnittenen Papiers um den unteren Rand der Pergamentpapierröhre kleben. Weil das gemusterte Papier höher ist als das Pergamentpapier, biegt sich der eingeschnittene Teil und die Streifen spreizen sich.

4. Der Lampion kann jetzt mit einem kleinen Teelicht beleuchtet werden. Wer auf Nummer sicher gehen will, setzt es in ein kleines Teelichtglas und stellt dies in den Lampion.

KLEINE WINDLICHTER

1. Schlichte Teelichtgläser gibt es überall zu kaufen. Viel schöner sehen sie aus, wenn man sie individuell verziert, vielleicht passend zum Muster des Geschirrs oder der Balkonkissen.

2. Die Gläser abwaschen und gründlich abtrocknen. Die Oberfläche muss fettfrei sein. Dann wird das Muster mit dem Glasmalstift aufgemalt. Ganz leicht gelingen zum Beispiel einfache, stilisierte Blumenornamente. Das Muster nach Herstellerangaben im Backofen trocknen.

SIE BRAUCHEN:
Transparente Teelichtgläser mit glatten Wänden, Glasmalstift

GLASUNTERSETZER

1. Ein schönes Ambiente steht und fällt mit den liebevollen Details. Hier wiederholt sich das Muster der Windlichter auf kleinen Untersetzern aus Kork. Mit einem Permanentmarker ist es schnell gemalt.

2. Aber damit nicht genug: Sie könnten das Muster auch mit Textilfilzern auf Servietten oder eine Tischdecke malen oder Porzellanmalstifte benutzen, um Keramiküberttöpfe zu verzieren. Lassen Sie sich etwas einfallen!

SIE BRAUCHEN:
Korkuntersetzer, Permanentmarker

BETÖREND!

Wenn wir den Balkongarten mit allen Sinnen genießen wollen, darf die Nase nicht zu kurz kommen. Umschwebt von Duftwolken entspannt es sich doch am allerschönsten.

Die Klassiker

Beim Stichwort Duftpflanzen denkt jeder zuerst an Rosen, Lilien und Lavendel. Nichts für den Balkon, meinen Sie? Irrtum! Setzt man Lilienknollen im Frühling in ausreichend tiefe Kübel zwischen Sommerblumen, recken sie ihre schlanken Stiele mit den schwer duftenden Blüten im Hochsommer über ihnen in die Höhe. Lavendel eignet sich gut für Kästen und bleibt auch über Winter ansehnlich. Zwerg- und Patiorosen fühlen sich in Pflanzkübeln und größeren Kästen wohl. Ideal sind Sorten, die nur wenige Stacheln tragen.

Duftende Blätter

Blattdufter, deren Blätter bei Berührung ihren Duft freigeben, sind wie geschaffen für den Balkon. Auf eher engem Raum lässt es sich ja kaum vermeiden, dass man die Blätter streift. In diese Gruppe fallen neben den aromatischen Mittelmeerkräutern und dem Lavendel auch alle Minzearten (z. B. Ananasminze). Eine besonders interessante Gruppe bilden die Duftblattpelargonien. Das Spektrum der Blattdüfte reicht von Schokolade über Kampfer bis zu fruchtig-herben Zitrusdüften, die Insekten vertreiben.

Abendschönheiten

Gerade Menschen, die ihren Balkon eigentlich nur nach Feierabend nutzen können, werden an nachtduftenden Pflanzen Freude haben. Viele dieser Pflanzen tragen weiße oder hellblaue Blüten, die in der Dunkelheit ätherisch leuchten. Das hat seinen Grund, denn diese Pflanzen werden von Nachtfaltern bestäubt – und wollen natürlich von ihnen gefunden werden. Zu den balkontauglichen Pflanzen dieser Gruppe gehören Levkoje, Mondviole, Nachtkerze und Ziertabak. Das blau blühende Heliotrop wird als einjährige Sommerblume verkauft, ist aber mehrjährig und kann frostfrei überwintert werden.

Tipp
Liegt Ihr Balkon vor dem Schlafzimmerfenster? Wie wäre es dann mit einer duftenden Mondschein-Bepflanzung? Einige Gärtnereien bieten solche Spezialsortimente an!

Schnuppern Sie mal!

Diese Blumen verwöhnen die Sinne mit ihrem intensiven Duft.

Heliotrop

Nachtkerze

Mondviole

Ziertabak

LICHTERKETTE

Für diese pfiffige Beleuchtung brauchen Sie nicht viel mehr als ein paar leere Plastikflaschen und eine Hitzequelle. Dass der Zufall bei der Entstehung der Formen mitspielt, macht die Sache nur interessanter.

SIE BRAUCHEN:

- 5 PET-Flaschen, 500 ml (durchsichtig oder farbig)
- Lichterkette mit 30 Lämpchen, 2,30 m
- Lötkolben
- Spiritusbrenner
- Kleine, scharfe Schere
- Atemmaske

Tipp

In der dunklen Jahreszeit verbreitet so eine Lichterkette auch in der Wohnung eine romantische Stimmung.

Hinweis:

Arbeiten Sie am besten bei offenem Fenster oder draußen an einer feuerfesten Arbeitsplatte – und tragen Sie zur Sicherheit eine Atemmaske!

1 Die Etiketten von den Flaschen entfernen und insgesamt 13 breite Ringelemente (Mischung aus Unterteilen, Mittelteilen und Oberteilen) aus den Flaschen schneiden.

2 Die Ränder der Flaschen mithilfe des Brenners schmelzen und formen. Je mehr Hitze die Flaschen ausgesetzt sind, desto mehr werden sie sich verformen.

3 Mit dem Lötkolben zunächst zwei etwa 3 cm große Löcher auf beide Seiten der Ringelemente (= Schirmchen) einbrennen. Anschließend verschieden große Löcher als Muster in die Teile brennen.

4 Die Lichterkette vorsichtig durch die 3-cm-Löcher fädeln. Es sieht sehr schön aus, wenn sich in jedem Schirmchen jeweils zwei Lämpchen befinden. Am besten einfach ausprobieren!

BLUMENTOPFHÜLLE

Nirgends steht geschrieben, dass dekorative Übertöpfe aus Keramik oder Kunststoff bestehen müssen. Wie wäre es mit so einer witzigen Tasche, vielleicht passend zu den Kissen?

SIE BRAUCHEN:

➤ 2 verschieden gemusterte Stoffe (für Außenseite und Innenfutter), je 35 x 35 cm
➤ Bügelvlies, 35 x 35 cm

1 Das Vlies sorgfältig auf die linke Seite des Außenstoffs bügeln. Beide Stoffe rechts auf rechts legen und bis auf eine Wendeöffnung zusammennähen. Wenden, bügeln und schmalkantig absteppen. Dieses doppellagige Quadrat so zur Hälfte falten, dass der Außenstoff innen liegt. Die Ecken, die am Stoffbruch liegen, schräg abnähen (siehe Schemazeichnung).

2 Die Pflanzenhülle in der anderen Richtung zur Hälfte falten und die beiden anderen Ecken ebenso abnähen.

3 Nun die Hülle auf rechts wenden, die unteren Ecken herausdrücken und die oberen Ecken etwas nach außen biegen. Stellen Sie ein wasserdichtes Gefäß hinein, in das der Blumentopf gesetzt wird. So wird auslaufendes Gießwasser aufgefangen und der Stoff bleibt trocken.

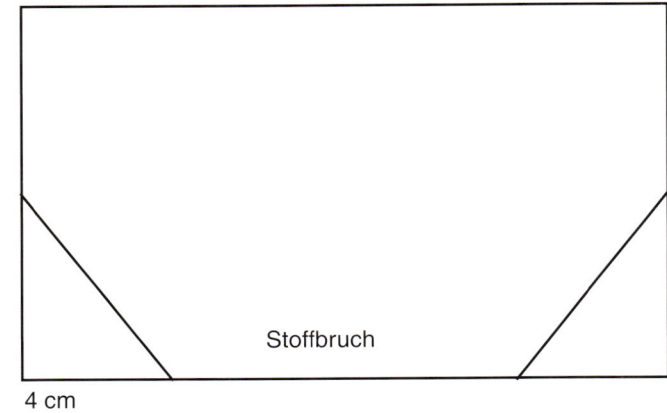

6 cm

Stoffbruch

4 cm

WINDLICHTER AUS DOSEN

Recycling liegt im Trend, und bei dieser witzigen Bastelidee können auch Kinder prima mitmachen.

SIE BRAUCHEN:

- Leere Alu-Dosen in verschiedenen Größen
- Schmirgelpapier (Stärke 240)
- Große Metallschraube
- Farbspray in Hellgrün, Petrol, Hellblau
- Spiritus
- Papiertücher
- Einweghandschuhe
- Malerplane oder Zeitungen
- Schere

1 Die Dosen reinigen und die Etiketten entfernen. Die Muster nach Wunsch mit einem Bleistift (3B) auf die Dosen malen und dann mit einer Schraube einstechen. Mit ein wenig Druck geht das ganz einfach. Sollten sich die Dosen beim Einstechen ein wenig verformen, so können sie leicht wieder in Form gerollt werden.

2 Die Außenflächen der Dosen mit Schmirgelpapier anschleifen, damit die Farbe besser haftet. Anschließend am besten draußen eine Arbeitsfläche für das Besprühen mit Farbe vorbereiten. Dazu Malerplane oder Zeitungen an einer windstillen Stelle auslegen.

3 Die Dosen nach Wunsch „in einem Kreuzgang", also von links nach rechts und von oben nach unten, und im Abstand von etwa 25 cm von der Dose entfernt besprühen. Die Farben trocknen sehr schnell. Um einen „Zwei-Farben-Look" zu erzielen, einfach einen Teil der Dose mit einer Farbe besprühen, trocknen lassen und dann die zweite Farbe auftragen.

Tipp

Wenn Sie die Dosen vor dem Stanzen mit Wasser füllen und einfrieren, verformen sie sich nicht so leicht.

SICHTSCHUTZ

Gerade in der Stadt ist Privatsphäre auf dem Balkon ein Thema für sich.
Dieser Sichtschutz ersetzt nebenbei noch ein kleines Regal.

SIE BRAUCHEN:

- Wachstuch (beschichtete Baumwolle) in Hellgrün, ca. 4 m
- Verschiedene Baumwollstoffe:
  - Lange Tasche: 20 cm und 5 cm (für oberen Streifen)
  - Runde Tasche: 25 cm
  - Rechteckige Tasche mit abgerundeter Oberkante: 20 cm
  - Taschenfutter: 40 cm
- Ripsband, 1 cm breit, 3,50 m
- Thermolam ®, 173 x 90 cm
- Schrägband, ca. 6 m
- Nähgarn
- Nähmaschine

Schnittmuster s. Seite 72 oder auf www.christophorus-verlag.de

1 Die Materialangaben beziehen sich auf einen 173 x 90 cm großen Sichtschutz. Messen Sie die Größe Ihres Balkongeländers aus und passen Sie die Maßangaben an.

2 Fertigen Sie anschließend eine Skizze an, in die Sie eintragen, wie viele und welche Taschen Sie auf Ihrem Sichtschutz platzieren wollen, und bereiten Sie die entsprechenden Taschen vor.

3 Für die **längliche Tasche** den 5 cm breiten Streifen rechts auf rechts auf die Vorderseite der Tasche stecken und mit einer Nahtzugabe von 1 cm nähen. Die Nahtzugabe nach unten bügeln. Die zweite Seite des Streifens auf die gleiche Art an das Futterteil annähen und die Zugabe nach unten bügeln.

4 Das so entstandene Stoffrechteck rechts auf rechts legen und rundherum an einer geraden Seite bis auf eine etwa 8 cm große Wendeöffnung nähen. Die Ecken schräg abschneiden und wenden. Die Tasche auf den Sichtschutz feststecken und an drei Seiten aufsteppen, dabei bleibt die obere Kante offen. Die Tasche jeweils nach 20 cm längs absteppen, sodass drei Fächer entstehen.

5 Für die **runde Tasche** die Taschenteile rechts auf rechts legen und – mit 1 cm Nahtzugabe – zusammennähen. Anschließend wenden und bügeln. Die obere Kante mit Schrägband einfassen, dabei auf jeder Seite 1,5 cm Schrägband überstehen lassen. Auf der Vorderseite des Sichtschutzes beim Aufsteppen die überstehenden Enden des Schrägbandes nach innen umklappen.

Tipp

Nähen Sie die Taschen passend
für alles, was Sie auf dem
Balkon unterbringen wollen:
Buch, Handy, Sonnenmilch ...

SCHNITTMUSTER TASCHEN
1 cm Nahtzugabe enthalten; auf 200 % vergrößern

Tasche 1

Tasche 2

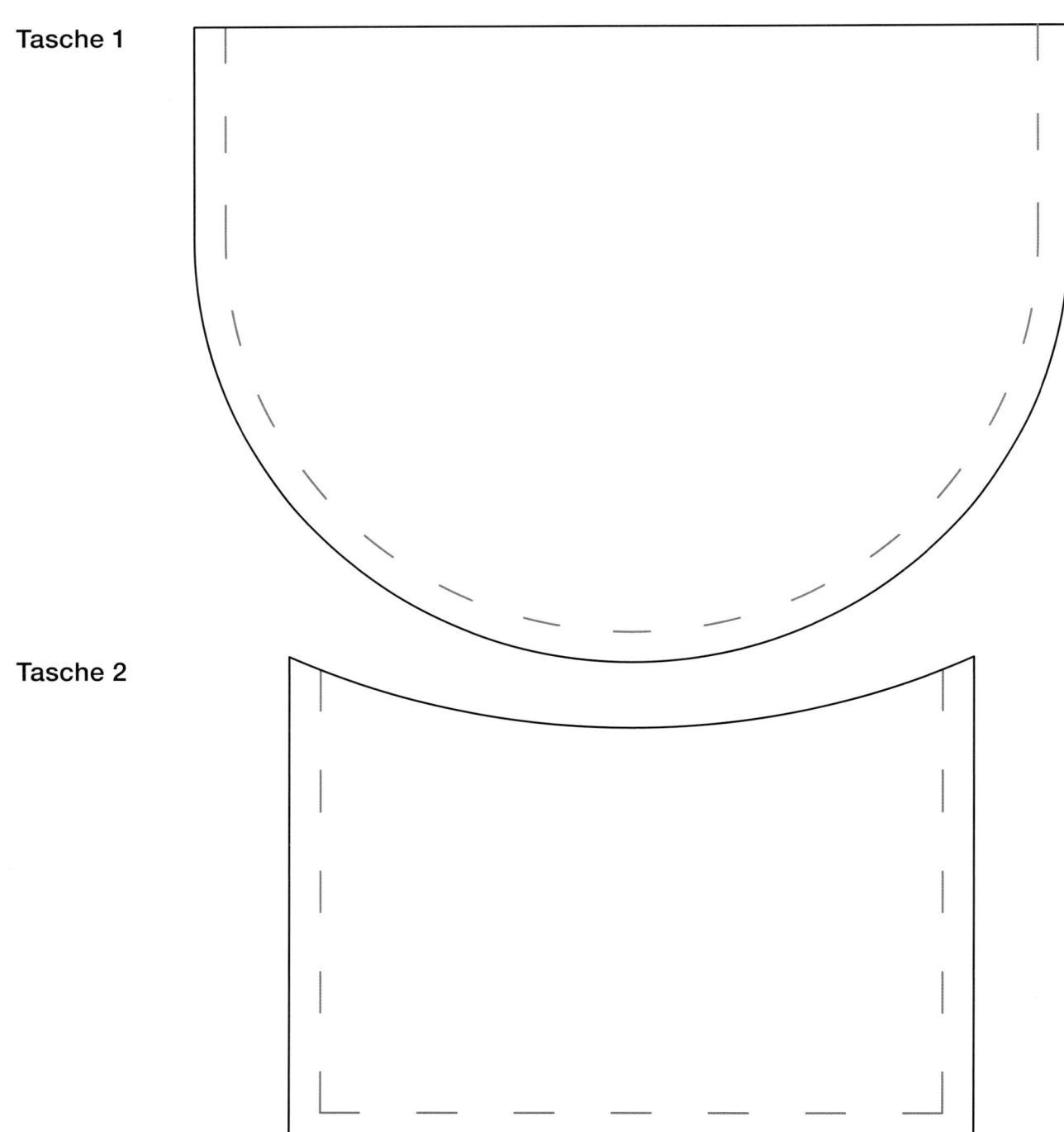

SICHTSCHUTZ FORTSETZUNG

SIE BRAUCHEN:

Zuschneiden:

Stoffbreite: 140 cm

- ➤ 2 Stücke Wachstuch, je 173 x 90 cm (Vorder- und Rückseite)
- ➤ Lange Tasche: 2x 62 x 15 cm aus Ober- und Futterstoff sowie 5 x 62 cm für oberen Stoffstreifen
- ➤ Runde Tasche: jeweils 1x aus Ober- und Futterstoff sowie 29 cm Schrägband
- ➤ Rechteckige Tasche mit abgerundeter Oberkante: jeweils 1x aus Ober- und Futterstoff sowie 24 cm Schrägband

6 Für die **rechteckige Tasche mit abgerundeter Oberkante** die Taschenteile rechts auf rechts legen und bis auf die obere Kante mit einer Nahtzugabe von 1 cm nähen. Anschließend wenden und bügeln. Die obere Kante mit Schrägband einfassen, dabei auf jeder Seite 1,5 cm Schrägband überstehen lassen. Auf der Vorderseite des Sichtschutzes beim Aufsteppen die überstehenden Enden des Schrägbandes nach innen umklappen.

7 Sind alle Taschen auf der Vorderseite aufgesteppt, die Rückseite mit der rechten Seite nach unten legen, dann das Thermolam ® und die Vorderseite (die rechte Seite zeigt nach oben) darauflegen. Alle Lagen glatt streichen und zusammenstecken. Damit später beim Anbringen des Schrägbandes nichts verrutscht, die Kanten knappkantig zusammennähen und die Stecknadeln entfernen. Das Schrägband rundherum annähen.

8 Nun die Bindebänder anfertigen: Hierfür zehn 35 cm lange Ripsbandstücke zuschneiden. Die Enden der Bänder mit einem Feuerzeug leicht zum Schmelzen bringen und zur Hälfte legen. Die Bänder in jeder Ecke, auf der oberen und unteren Kante jeweils mittig und auf der Hälfte zwischen Mitte und Ecke an der Rückseite des Sichtschutzes feststecken und annähen. Darauf achten, dass der Abstand zwischen den Bindebändern nicht zu groß ist (höchstens 50 cm voneinander entfernt), denn sonst hängt der Sichtschutz später nicht gerade – und würde zudem sofort „einsinken", falls schwerere Gegenstände in die Taschen gesteckt werden.

BODENKISSEN

So ein dickes Bodenkissen lädt zum Entspannen ein und ist eine praktische Extra-Sitzgelegenheit, wenn einmal viel Besuch kommt.

SIE BRAUCHEN:

- Baumwollstoff:
  - in Coral mit weißen Vögeln (Stoff 1), 35 cm
  - in Schwarz-Weiß gemustert (Stoff 2), 35 cm
  - in Schwarz-Weiß mit Dreiecken, (Stoff 3), 35 cm
  - in Mint mit weißen Blüten (Stoff 4), 35 cm
  - in Gelbtönen mit Rauten (Stoff 5), 25 cm
- Wachstuch (beschichtete Baumwolle) in Grau mit Sternen (Stoff 6), 60 cm
- Paspelband, 2 m
- Gurtband in Blau, 2,5 cm breit, 20 cm
- Dünne, aufbügelbare Vlieseinlage, 27 cm
- Styroporkügelchen, 35 l
- Nähgarn in Weiß, Gelb
- Packpapier
- Stoffmarkierstift
- Essstäbchen
- Nähmaschine

1 Zunächst einen Viertelkreis als Schablone anfertigen; hierfür aus Packpapier ein 60 x 60 cm großes Quadrat zuschneiden, zweimal zur Hälfte falten und dann von einer Ecke aus den Radius (30 cm) Punkt für Punkt abmessen und aufzeichnen. Den Viertelkreis ausschneiden. Die Stoffe zuschneiden. Dabei an den geraden Kanten je 1 cm dazugeben.

2 Zwei Viertelkreise rechts auf rechts aneinandernähen und die Nahtzugaben zu einer Seite bügeln. Das Gleiche bei den beiden anderen Viertelkreisen wiederholen, jedoch hier die Nahtzugaben in die andere Richtung bügeln. Die beiden Kreishälften rechts auf rechts zu einem großen Kreis zusammennähen und die Nahtzugabe zu einer Seite bügeln.

3 Das Sternschnittmuster (s. S. 77) auf die linke Seite des gelben Stoffes übertragen; den Stoff mit der rechten Seite nach unten auf die Vlieseinlage legen, dabei zeigen die Klebepunkte der Vlieseinlage nach unten. Entlang der übertragenen Linien nähen und den Stern mit einer Zugabe von 5 mm ausschneiden. Die Spitzen schräg abschneiden und die Ecken bis kurz vor der Naht einschneiden.

4 Die Seite mit der Vlieseinlage ein paar Zentimeter einschneiden und den Stern wenden. Alle Spitzen des Sterns vorsichtig mit einem Essstäbchen ausarbeiten und bügeln. Den Stern mittig auf der Vorderseite feststecken und mit einem Geradstich annähen. Die auf dem Schnittmuster eingezeichneten gestrichelten Linien mit einem Lineal auf den Stoffstern übertragen und absteppen.

BODENKISSEN FORTSETZUNG

SIE BRAUCHEN:

Schnittmuster Viertelkreis selbst anfertigen oder auf www.christophorus-verlag.de

Zuschneiden: Stoffbreite: 110 cm; Angaben inkl. 1 cm Nahtzugabe

- jeweils 1x Viertelkreis aus Stoff 1, 2, 3 und 4 (= Kissenoberseite)
- 47 x 12 cm aus Stoff 1, 2, 3 und 4 (= Seitenstreifen)
- 1x ca. 27 x 27 cm aus Stoff 5 und aus der Vlieseinlage (= Sternapplikation)
- Kreis, Ø 60 cm, aus Stoff 6 (= Kissenunterseite; als Schablone kann man die fertig genähte Vorderseite des Kissens verwenden)
- 22 x 5 cm aus Stoff 1 (= Henkel)

5 Das Paspelband mit einem Reißverschlussfuß an der Vorderseite annähen, dabei die Enden des Bandes gekreuzt übereinander auslaufen lassen – und unbedingt auf die Nahtzugabe achten!

6 Für den Henkel die langen Kanten des 22 x 5 cm großen Streifens aus Stoff 1 so nach innen bügeln, dass ein 2,5 cm breiter Streifen entsteht. Den Stoffstreifen auf dem Gurtband annähen, dabei die überstehenden Kanten nach unten umschlagen, sodass die Enden des Gurtbandes eingefasst sind.

7 Den Henkel mittig auf einem Seitenstreifen anbringen: Auf die beiden Trägeransätze jeweils ein Rechteck nähen, dann die diagonalen Ecken verbinden, sodass ein „X" entsteht. Das sorgt für Stabilität, damit der Henkel später nicht leicht abreißt.

8 Die Seitenstreifen rechts auf rechts legen und zu einem Ring aneinandernähen; dabei bei der letzten Naht eine 8 cm große Wendeöffnung lassen. Die obere Kante des Rings und die Kissenoberseite rechts auf rechts stecken – vorher am besten die genaue Position der Abbildung entsprechend markieren. Mit einem Reißverschlussfuß nähen und dabei die Nahtzugabe beachten.

9 An dem unteren, 60 cm großen Kreis und an der unteren Seite des Rings die Viertel markieren, rechts auf rechts feststecken und nähen. Das Kissen wenden und bügeln. Ein Stück Papier zu einem Trichter rollen und in die Wendeöffnung stecken. Die Styroporkügelchen mit einem Messbecher in die Kissenhülle füllen. Die Wendeöffnung mit einem Matratzenstich von Hand schließen.

SCHNITTMUSTER STERN
1 cm Nahtzugabe enthalten; auf 200 % vergrößern

TEICH IM MINIFORMAT

*Der Anblick von Wasser wirkt unglaublich erfrischend – und vielleicht bekommen Sie sogar
Besuch von schillernden Libellen!*

SIE BRAUCHEN:
- Wasserdichte Wanne aus Zink oder Kunststoff
- 4–5 größere Flusskiesel
- Wasser (am besten Regenwasser)
- 1–2 kleine Wasserpflanzen im Pflanzkorb
- Schwimmpflanze

Tipp
Schwimmkerzen sollten Sie in kleine Behälter aus leichtem Kunststoff setzen, damit die Flammen die Blätter der Pflanzen nicht ansengen.

1 Beim Behältnis haben Sie die freie Wahl. Wichtig ist nur, dass es wirklich wasserdicht ist und gut zum Einrichtungsstil ihres Balkons passt. Stellen Sie es an seinen endgültigen Platz, bevor Sie Wasser hineingießen, denn wenn es einmal gefüllt ist, lässt es sich nur mit großem Kraftaufwand bewegen.

2 Kaufen Sie im Gartencenter Teichpflanzen in kleinen Pflanzkörben, die mit dem richtigen Pflanzsubstrat gefüllt sind. Setzen Sie diese Pflanzen zuerst in Ihr Behältnis.

3 Legen Sie einige größere Kiesel auf das Substrat, damit es nicht aufschwimmt. Dann können Sie das Wasser einfüllen – aber bitte ganz langsam und vorsichtig, damit möglichst wenig Pflanzsubstrat aufgewirbelt wird und das Wasser eintrübt.

4 Schwimmpflanzen wie Wassersalat oder Wasserhyazinthe brauchen kein Substrat. Sie holen sich alle Nährstoffe aus dem Wasser, auf dem sie schwimmen. Beide Arten wachsen schnell, lassen sich aber leicht teilen, wenn sie zu groß werden.

5 Zum Schluss können Sie Ihren Mini-Wassergarten dekorieren – vielleicht mit interessanten Steinen, einem kleinen Schiff oder hübschen Schwimmkerzen für die Abendstunden. Denken Sie daran, dass an heißen Tagen Wasser verdunstet und vorsichtig nachgefüllt werden muss.

WASSERPFLANZEN

Welche Pflanzen sich für den Balkonteich eignen, hängt vor allem von der Größe des Gefäßes und von der Wassertiefe ab.

Seerose

Seerosen brauchen tieferes Wasser. Es gibt aber spezielle zwergwüchsige Züchtungen, die mit einer Wassertiefe von ca. 30 cm zufrieden sind, also auch in einer Wanne oder einem Kübel gedeihen. Ihre Blätter werfen Schatten auf das Wasser und sorgen so dafür, dass sich weniger grüne Algen bilden.

Sumpfschwertlilie

Die Sumpfschwertlilie wächst im dauerfeuchten Randbereich von Gewässern. Das bedeutet, dass sie zwar ständig feuchte Wurzeln braucht, aber mit einer geringeren Wassertiefe auskommt. Die Blüten in Violett oder Gelb zeigen sich im Frühsommer. Auch die schlanken Blätter, die sich bei jedem Luftzug wiegen, sehen attraktiv aus.

GÄSTE WILLKOMMEN

Gerade in der Stadt fühlt es sich fast wie eine Auszeichnung an, wenn Bienen um die Balkonkästen summen oder gar ein Vogel sich traut, in einer Kletterpflanze zu nisten.

Blau für Bienen

Bienen – und auch viele Schmetterlingsarten – fliegen auf Blau. Polsterglockenblumen, die sich im Sommer mit zahllosen kleinen Blüten schmücken, sind ein wahrer Magnet für Nützlinge. Davon profitieren auch die Nachbarpflanzen, denn wo Insekten sind, kommen bald Vögel vorbei – und die fressen auch die Schädlinge.

Nachwuchs?

Geschützte Nistplätze sind in Städten oft Mangelware, zumal viele Vogelarten besondere Ansprüche an Art und Ort ihrer Kinderstube stellen. Beobachten Sie, welche Vögel sich häufiger in der Nähe aufhalten, und informieren Sie sich, wie der passende Nistkasten beschaffen sein muss. Haben Sie Geduld: Nicht immer ziehen im ersten Jahr Bewohner ein.

FLASCHENLICHTER

Leere Flaschen lassen sich im Nu in interessante Windlichter verwandeln. Sie können sie auch kopfüber zwischen die Pflanzen in Kübeln und Kästen stecken.

SIE BRAUCHEN:

- Glasflaschen in diversen Größen
- Flaschenschneider-Werkzeug
- Schmirgelpapier
  (Stärke: 120 und 240)
- Markierungspunkte-Etiketten,
  Ø 18 mm
- Farbspray in Gelb, Hellblau, Hellgrün, Petrol
- Teelichter
- Spiritus
- Papiertücher
- Einweghandschuhe
- Sicherheitsbrille
- Malerplane oder Zeitungen

1 Die Flaschen reinigen und die Etiketten entfernen. Die Böden der Flaschen mithilfe des Werkzeugs abschneiden, dabei die Herstellerangaben beachten. Normalerweise werden die Flaschen an der gewünschten Stelle (z. B. Boden) mit dem Schneider angeritzt und dann in einem heißen Wasserbad erwärmt. So entsteht eine Spannung im Material. Die Flaschen werden anschließend in kaltes Wasser getaucht. Dadurch ändert sich die Spannung – und der Boden fällt ab. Der Boden trennt sich meistens sehr sauber ab. Unbedingt eine Sicherheitsbrille tragen!

2 Die unteren Flaschenkanten mit Schmirgelpapier nass abschleifen, bis sie nicht mehr scharf sind. Die Flaschen mit Spiritus von Fett und Staub befreien und Markierungspunkte aufkleben.

3 Anschließend am besten draußen eine Arbeitsfläche für das Besprühen mit Farbe vorbereiten. Dazu Malerplane oder Zeitungen an einer windstillen Stelle auslegen. Die Flaschen nach Wunsch „in einem Kreuzgang", also von links nach rechts und von oben nach unten, besprühen. Die Farben trocknen sehr schnell.

4 Um einen „Zwei-Farben-Look" zu erzielen, einfach einen Teil der Flasche mit einer Farbe besprühen, trocknen lassen und dann die zweite Farbe verwenden. Sobald die Farbe getrocknet ist, die Etiketten abziehen. Jeweils ein Teelicht unter eine Flasche stellen.

TÜRVORHANG

*So ein bunter Türvorhang sieht nicht nur toll aus, wenn er sich im Luftzug bewegt.
Er sorgt auch dafür, dass Insekten draußen bleiben.*

SIE BRAUCHEN:

- Wachstuch (beschichtete Baumwolle) in Hellgrün mit Sternen, 80 x 31 cm
- 81 Filzreste, 2 mm dick, in Gelb, Orange, Grüntönen, Türkis, je ca. 11 x 11 cm
- 20 Stoffreste, gemustert, mindestens je 8 x 8 cm
- Klebevlies mit Trägerpapier
- Nähgarn in Grün
- Häkelgarn in Grün
- Holzleiste, 5 mm stark, 1,5 x 78 cm
- Heftpistole (Klammern: 4 mm)
- Nähmaschine

Tipp
Sie können den Türvorhang auch nur zweifarbig gestalten, z. B. mit Filzkreisen in Weiß und Schwarz sowie weißem Wachstuch.

1 Zuerst 81 Filzkreise, Ø 11 cm, zuschneiden. Dann auf die glatte Seite des Klebevlieses etwa 20 Kreise, Ø 7 cm, zeichnen. Die Kreise grob ausschneiden und auf die entsprechenden Stoffe bügeln, danach exakt ausschneiden. Das Trägerpapier abziehen und nach Wunsch auf einige der Filzkreise bügeln. Den Transporteur der Nähmaschine senken und einen Stopffuß anbringen. Die aufgebügelten Kreise frei Hand mit einem Geradstich applizieren.

2 Einen Zickzackstich an der Nähmaschine einstellen und das Häkelgarn unter die Nadel legen. Das Garn ein wenig stramm ziehen und dabei nähen. Nach etwa 20 cm einen Filzkreis mittig unter das Häkelgarn legen und weiternähen. Nach etwa 10 cm den nächsten Filzkreis unterlegen und so weitermachen, bis eine Reihe mit neun Filzkreisen entstanden ist. Auf diese Weise fortfahren, bis neun Reihen komplett sind, dabei die Farben nach Wunsch variieren.

3 Die langen Enden des Garns um die Holzleiste wickeln, zuerst 1 cm vom Rand und dann in Abständen von etwa 9 cm; danach festtackern. Die Ränder des Wachstuches jeweils 1 cm nach links umbügeln und mit einem Geradstich absteppen. An der langen Kante zur Hälfte legen und an beiden Seiten der Holzleiste bündig festtackern. Den Vorhang an einer Gardinenstange, einer Teleskopstange oder mithilfe eines Seils aufhängen.

FRÜHLING

Erfolg mit Blumen, Kräutern und Gemüse hat eine Menge mit dem richtigen Zeitpunkt zu tun. Die Natur richtet sich aber nicht nach einem Terminkalender. Wenn es in Flensburg noch eisig weht, kann es in Freiburg schon nach Frühling riechen.

Ordnung schaffen

Bereiten Sie Kästen und Kübel für die Bepflanzung vor. Möchten Sie vielleicht neue Kübel anschaffen, alte veredeln oder eine alte Weinkiste zum Gemüsebeet umfunktionieren? Noch ist Zeit dafür! Kaufen Sie rechtzeitig genug Anzucht- und Pflanzsubstrat ein.

Schrubben Sie die Balkonmöbel mit Seifenwasser ab. Kissenbezüge, Tischdecken und andere Balkontextilien werden zum Saisonbeginn gut ausgelüftet.

Frostschutz

Legen Sie eine Luftblasenfolie bereit, um die Pflänzchen schnell abdecken zu können, falls doch noch einmal Frost angesagt wird. Ab Mitte Mai darf die Folie in den Keller geräumt werden.

Säen

Auf der Fensterbank: Tomaten, Gurken, Basilikum und viele einjährige Blumen können Sie jetzt auf der Fensterbank vorziehen. Wenn die Sämlinge die ersten beiden „echten" Blätter haben, ziehen sie in größere Töpfe um und dürfen zum Abhärten jeden Tag ein paar Stunden auf dem Balkon stehen.

Im Freien: Wenn der Balkon sonnig und geschützt liegt, können Sie die ersten Radieschen und Salate, Kohlrabi, Rote Bete, Petersilie und Schnittlauch sowie robustere Blumen direkt in Kästen und Kübel säen.

Vorsprung gewinnen

Wer auf der Fensterbank vorzieht, kann sich früher an Blüten oder Früchten freuen.

Nicht jedes Samenkorn keimt erfolgreich. Säen Sie lieber ein paar Pflanzen mehr – aber auch nicht zu viele.

Anzuchtsubstrat in eine Schale füllen, andrücken und anfeuchten. Rillen ziehen und die Samen hineinlegen.

Wenn die jungen Pflanzen zu dicht stehen, zupfen Sie einige heraus, damit die anderen Luft bekommen.

Im Sämlingsstadium sind Pflanzen schwer zu unterscheiden. Mit Schildchen gehen Sie auf Nummer sicher.

SOMMER

Genießen Sie diese Zeit, in der die Blumen und Kräuter in voller Pracht stehen.
Damit es so bleibt, kommt jetzt öfter die Schere zum Einsatz.

Düngen

Die Nährstoffe, die im Pflanzsubstrat enthalten sind, gehen allmählich zur Neige. Gönnen Sie Ihren Pflanzen einen Nachschlag. Sie können Flüssigdünger verwenden, der mit dem Gießwasser verabreicht wird, Düngerstäbchen ins Substrat stecken oder ein Granulat in die Oberfläche einarbeiten. In jedem Fall sollten Sie die Dosierungshinweise auf der Verpackung lesen und be-

achten, denn Nährstoffüberschuss schadet den Pflanzen ebenso wie Nährstoffmangel.

Für die meisten Pflanzen genügt ein Universaldünger. Mittelmeerkräuter sind von Natur aus genügsam und brauchen nur eine kleine Portion Nährstoffe. Tomaten andererseits revanchieren sich für regelmäßige Düngung mit reicher Ernte.

Wasser marsch!

Stellen Sie mehrere Gefäße mit Gießwasser bereit. Die meisten Pflanzen mögen abgestandenes Wasser lieber als frisch aus der Leitung gezapftes. An heißen Sommertagen muss eventuell zweimal täglich gegossen werden.

Wichtig: Immer nur auf das Substrat gießen, nicht auf die Blätter. Wassertropfen wirken bei Sonnenschein wie Brenngläser, und nasse Blätter sind anfälliger für Pilzkrankheiten.

Ausputzen und schneiden

Verwelkte Blüten sollten Sie regelmäßig von den Blumen abzupfen. Dadurch regen Sie die Pflanzen an, immer neue Blüten zu bilden. Lange Triebe dürfen ruhig zurückgeschnitten werden. Meist verzweigen sie sich dann, und die Pflanzen bleiben schön buschig.

Der Rückschnitt erledigt sich bei Kräutern meist von selbst, wenn Sie für die Küche ernten. Wer Kräuter trocknen oder einfrieren will, sollte sie vor der Blüte schneiden.

Strauchige Kräuter und Lavendel dürfen nach der Blüte kräftig gestutzt werden, damit sie nicht zu groß werden. Aber nicht bis „ins Holz" schneiden, sonst treiben sie nicht mehr aus.

Tipp

Manche Pflanzen bilden interessante Samenstände, die – getrocknet – in Kränzen und Sträußen sehr dekorativ aussehen.

Dranbleiben!

Im Sommer gibt es fast täglich Kleinigkeiten zu tun, damit der Balkon immer gut aussieht.

Wenn hohe Pflanzen verwelkt sind, binden Sie die Stängel zusammen. So geht das Zurückschneiden flink.

Denken Sie rechtzeitig daran, Lavendelblüten zum Trocknen für den Wäscheschrank zu schneiden!

Welke Blüten abschneiden, bevor die Pflanzen Samen bilden. Dadurch wird eine erneute Blüte angeregt.

Wenn Sie Pflanzen stutzen, können Sie aus den abgeschnittenen Stecklingen Nachwuchs heranziehen.

HERBST

Bevor die Natur eine Ruhepause einlegt, gibt sie noch einmal Vollgas. Früchte und Samen reifen, bevor die Blätter sich bunt färben und dann allmählich abfallen.

Ernten

Wenn Sie Obst oder Gemüse auf dem Balkon gezogen haben, kommt jetzt die Zeit, in der Sie schlemmen können. Manchmal wird sogar mehr reif, als man verwerten kann. Zucchini, Erbsen und Bohnen sollten Sie laufend ernten, denn dadurch wird die Bildung neuer Früchte angeregt. Falls Sie es mit einem Kürbis versucht haben, brauchen Sie Geduld. Lassen Sie ihn reifen, bis er beim Anklopfen hohl klingt und sein Stielansatz korkig aussieht. Beeren können Sie einfrieren oder zu Marmelade verarbeiten. Äpfel lassen sich gut lagern, aber Birnen sollten Sie am besten frisch verzehren.

Säen

Wenn das erste Gemüse geerntet ist, entstehen Lücken in Kästen und Kübeln. Hier können jetzt noch winterharte Erbsen, Wintersalate und Kohlrabi gesät werden. Die Pflanzen überdauern den Winter – bei rauer Witterung mit einem Schutz – und Sie haben im Winter und im folgenden Frühjahr junges Gemüse aus eigener Ernte.

Samen abnehmen

Viele Einjährige bilden reichlich Samen, die jetzt heranrei-fen. Fragen Sie ruhig auch bei Freunden, die einen Garten haben, ob Sie zur Samenernte vorbeikommen dürfen. Am einfachsten geht es so: Pflanzenstiele mitsamt den Samenständen abschneiden und bündeln. Eine große Papiertüte, z.B. von Brötchen, darüberstülpen und mit einer Wäscheklammer an einem Stiel befestigen. Dann das Ganze kopfüber aufhängen. Wenn die reifen Samen trocken sind, fallen sie in die Papiertüte. Jetzt brauchen Sie sie nur noch in hübsche Tüten oder Briefumschläge zu schütten. Beschriften nicht vergessen – es sei denn, Sie lieben Überraschungen.

Ausräumen

Einjährige Sommerblumen, die ihre beste Zeit hinter sich haben, werden im Spätherbst aus den Pflanzgefäßen genommen und kompostiert. Kübelpflanzen, die keine Kälte vertragen, müssen im Spätherbst in ihr Winter-quartier umziehen oder mit einem Winterschutz ausge-stattet werden.

Fangen Sie ruhig schon im Herbst an, Luftblasenfolie, Sackleinen und anderes geeignetes Material zu sam-meln, damit es parat liegt, wenn Nachtfrost angesagt wird.

WINTER

Glauben Sie nicht, dass Sie den Balkongarten im Winter vergessen können. Nutzen Sie die ruhige Zeit, um Bilanz zu ziehen und die neue Saison vorzubereiten.

Wasser ahoi!

Sie haben richtig gelesen. Wenn über Winter Pflanzen auf dem Balkon bleiben, die grüne Blätter oder Nadeln tragen, müssen sie ab und zu gegossen werden. Solange Pflanzen Chlorophyll zur Verfügung steht, läuft die Fotosynthese ab – die Gewinnung von Nahrung mithilfe von Sonnenlicht. Dafür ist Wasser unerlässlich.

Bei starkem Frost sollten Sie Kübel, in denen Immergrüne stehen, dick in isolierendes Material wickeln, denn wenn das Substrat im Kübel steinhart gefroren ist, kann die Pflanze ihm kein Wasser entziehen und stirbt im schlimmsten Fall an „Frosttrocknis". Auch Pflanzen im Überwinterungsquartier brauchen ab und zu einen Schluck Wasser.

Zeit zum Träumen

Es ist kein Zufall, dass Saatgutkataloge im Winter verschickt werden. Machen Sie es sich mit einer Kanne Tee gemütlich und planen Sie Bepflanzung und Gestaltung für das kommende Jahr!

Sauber einmotten

Balkontextilien und Möbel können jetzt im Winterquartier verstaut werden. Nehmen Sie sich dafür Zeit. Waschen Sie alle Textilien, bevor sie eingelagert werden.

Leere Pflanzkästen und Kübel sollten Sie erst trocken mit einer harten Bürste von Erdresten befreien und dann mit heißem Seifenwasser abschrubben. Sonst überwintern darin womöglich Schädlinge oder Krankheitserreger.

Nehmen Sie auch die Möbel genau in Augenschein. Im Winter haben Sie genug Zeit, kleine Schäden zu reparieren.

Vielleicht möchten Sie den Tisch und einen Stuhl stehen lassen – für sonnige Wintertage und die Adventsdekoration?

Bilanz ziehen

Lassen Sie einmal ganz in Ruhe die vergangene Saison Revue passieren. An welchen Pflanzen hatten Sie Freude, welche wuchsen eher kümmerlich? Wie komfortabel und alltagstauglich war die Möblierung?

Haben Sie für das kommende Balkonjahr vielleicht eine andere Farbkombination im Sinn? Hätten Sie gern neue Kissen? Notieren Sie sich Ihre Ideen und nutzen Sie die dunkle Jahreszeit für kreative Projekte, die Vorfreude auf den nächsten Sommer wecken.

VORLAGE: GLASABDECKUNG   VORLAGE: WINDRAD   VORLAGE: DREIECK-KISSEN

1 cm Nahtzugabe enthalten

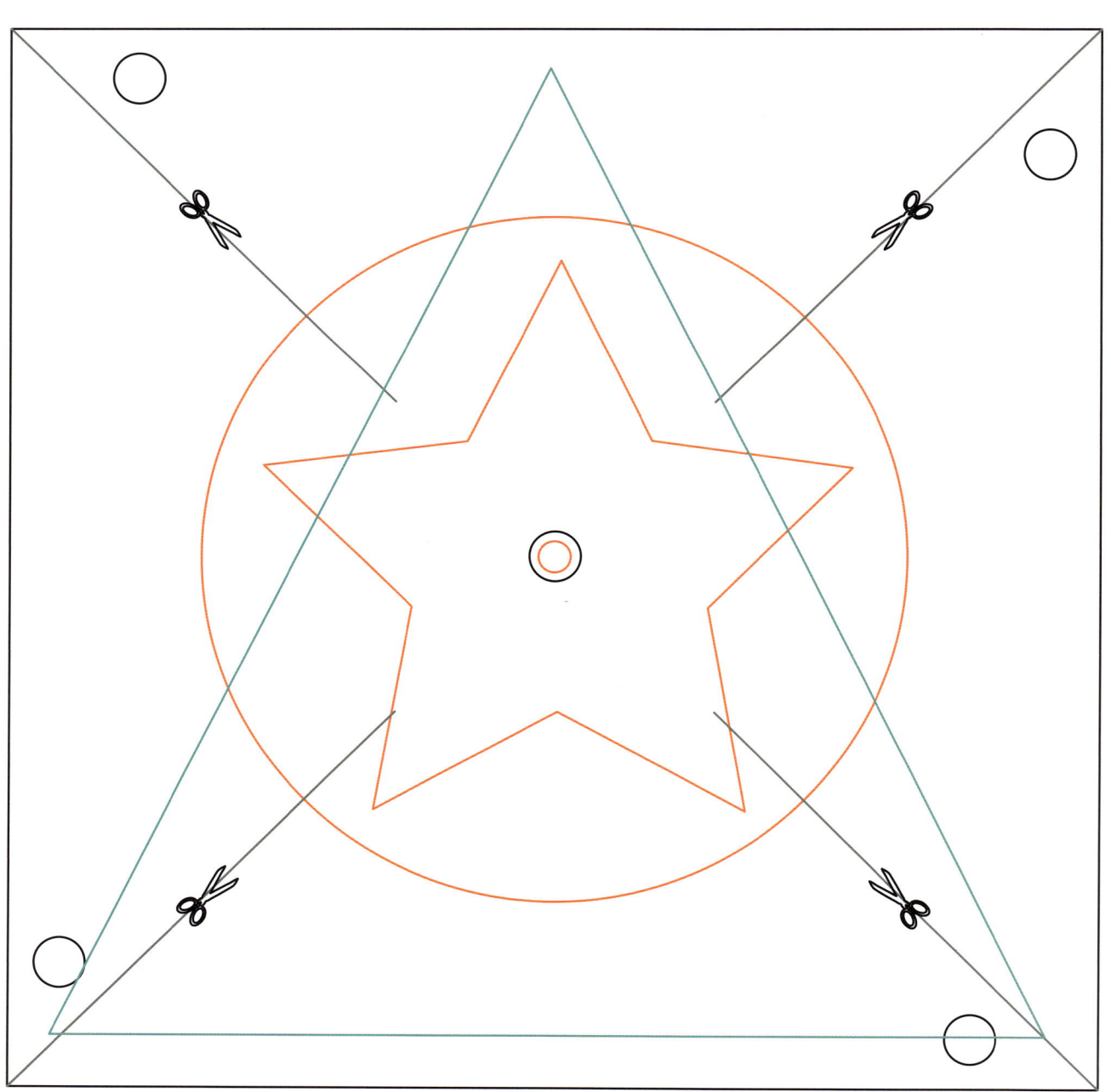

SCHNITTMUSTER KLAMMERBEUTEL

1 cm Nahtzugabe enthalten

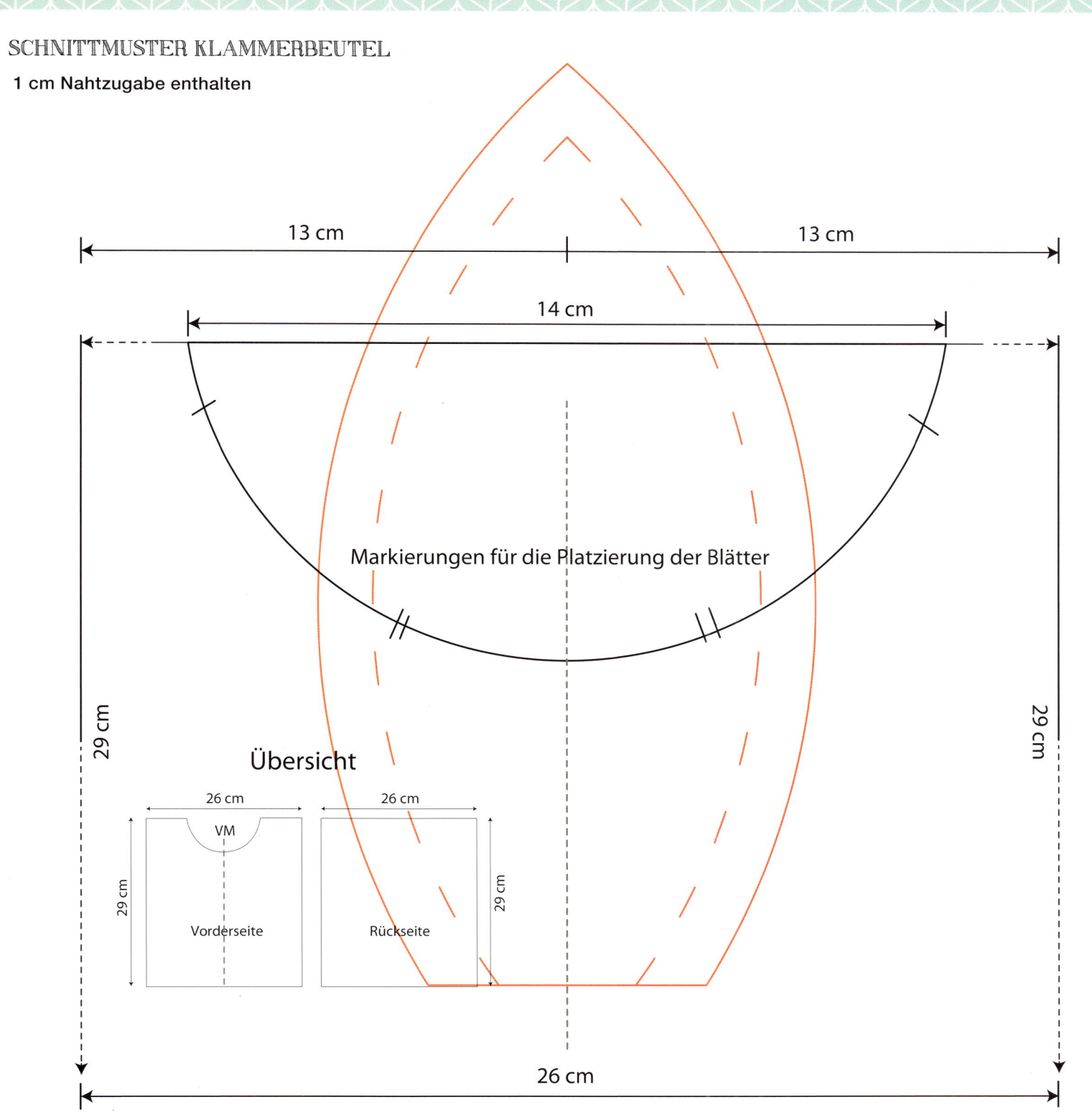

13 cm

13 cm

14 cm

Markierungen für die Platzierung der Blätter

29 cm

29 cm

Übersicht

26 cm

VM

29 cm

Vorderseite

26 cm

29 cm

Rückseite

26 cm

IMPRESSUM

Autorinnen:
Kasia Hanack (S. 24, 32, 34, 36, 44, 54, 56,
58, 60, 66, 69, 70, 74, 82, 84)
Wiebke Krabbe: übrige Seiten
Gesamtgestaltung, Satz & Bildredaktion:
Sabine Vonderstein, Köln
Redaktion: Xenia Kuczera
Schlusskorrektur: Gisa Windhüfel, Freiburg

Fotos: siehe Bildnachweis
Reproduktion: RTK & SRS mediagroup GmbH
Druck und Verarbeitung: Ömür Printing, Istanbul

ISBN 978-3-8388-3606-5
Art.-Nr. 3606

Für die Bereitstellung der Materialien bedanken wir
uns ganz herzlich bei:

Edding, www.edding.com
Efco, www.efco.de
Frau Tulpe, www.frautulpe.de
Snaply Nähkram, www.snaply.de
Stoff und Stil, www.stoffundstil.de
Swafing, www.swafing.de

BILDNACHWEIS

© Flora Press/Living&More/Uzwei Fotodesign: S. 16
© Flora Press/Helga Noack: S. 21 o.r., o.l., u.; 40 u.l.
© Flora Press/Royal Horticultural Society: S. 26 o.r.
© Flora Press/Nova Photo Graphik: S. 27 o.l.
© Flora Press/Hilde Frey: S. 27 o.r.
© Flora Press/Ute Klaphake: S. 28 o.r.
© Flora Press/Daniela Kunze: S. 29
© Flora Press/Torie Chugg: S. 38 u.l.
© Flora Press/Christine Ann Föll: S. 38 u.r.
© Flora Press/Tomek Ciesielski: S. 39
© Flora Press/Meyer-Rebentisch: S. 40 u.l.
© Flora Press/Visions: S. 41; 48 u.r.
© Flora Press/EWA Stock Photo Library: S. 48 u.l.
© Flora Press/Flowerphotos/David Tull: S. 49 o.l.
© Flora Press/Flowerphotos/Paul Tomlins: S. 49 o.r.; u.l.; u.r.
© Flora Press/Joanna Kossak: S. 65 o.l.
© Flora Press/Flowerphotos/Carol Sharp: S. 65 o.r.
© Flora Press/Practical Pictures: S. 65 u.l.
© Flora Press/Bildagentur Beck: S. 65 u.r.
© Flora Press/BIOSPHOTO/Philippe Giraud: S. 87 o.l.
© Flora Press/Nadja Buchczik: S. 87 o.l., o.r., .u.r.
© Flora Press/Botanical Images/SHEILA TERRY: S. 87 u.l.
© Flora Press/Emotive Images: S. 88
© Flora Press/BIOSPHOTO/ B & G Médias: S. 89 o.l.
© Flora Press/FLPA: S. 89 o.r.
© Flora Press/MAP: S. 89 u.l.; u.r.
© Flora Press/BIOSPHOTO/Yann Avril: S. 91 u.
© Flora Press/Christine Ann Föll: S. 93 o.
© Wiebke Krabbe: S. 10; 11; 13; 14; 15; 80; 81
© Sabine Vonderstein: S. 26 o.l.; 28 o.l.

Roland Krieg, Freiburg: S. 6; 22; 25–26; 30–31; 32; 35; 36; 37 o.r.;
42–43; 44; 46; 47; 50–51; 53; 54; 55; 57; 58; 61; 62; 63; 66; 68;
69; 71; 74; 77; 82; 83; 84

Illustrationen © Fotolia:
© scrapster: S. 18, 19, 20; Blumen, Werkzeug
© niroworld: Polaroidrahmen; © magnia: Hintergrund-Muster